"十三五"职业教育国家规划教材

实战型
教材

网络推广实务

（第二版）

主　编◎赵美玲

副主编◎何妙佳　严金书
　　　　徐　匡

参　编◎杨国富　曾　春
　　　　黄智华　徐　岩
　　　　王贤君　冼敏仪

WANGLUO

TUIGUANG

SHIWU

中国人民大学出版社
·北京·

图书在版编目（CIP）数据

网络推广实务／赵美玲主编．－－2版．－－北京：
中国人民大学出版社，2023.4
职业教育电子商务专业实战型教材
ISBN 978-7-300-31608-6

Ⅰ.①网… Ⅱ.①赵… Ⅲ.①网络营销－职业教育－
教材 Ⅳ.①F713.365.2

中国国家版本馆 CIP 数据核字（2023）第 061246 号

"十三五"职业教育国家规划教材
职业教育电子商务专业实战型教材

网络推广实务（第二版）
主　编　赵美玲
副主编　何妙佳　严金书　徐　匡
参　编　杨国富　曾　春　黄智华　徐　岩　王贤君　冼敏仪
Wangluo Tuiguang Shiwu

出版发行	中国人民大学出版社		
社　　址	北京中关村大街 31 号	邮政编码	100080
电　　话	010－62511242（总编室）	010－62511770（质管部）	
	010－82501766（邮购部）	010－62514148（门市部）	
	010－62515195（发行公司）	010－62515275（盗版举报）	
网　　址	http://www.crup.com.cn		
经　　销	新华书店		
印　　刷	北京市鑫霸印务有限公司	版　次	2019 年 6 月第 1 版
			2023 年 4 月第 2 版
开　　本	787 mm×1092 mm　1/16		
印　　张	10.25	印　次	2023 年 4 月第 1 次印刷
字　　数	233 000	定　价	29.00 元

前言

党的二十大报告中提出，到二〇三五年，我国要建成教育强国、科技强国、人才强国。

教育是培养优秀人才、为社会输送优质劳动力的重要途径，教育事业直接关系到一个国家未来的发展。作为我国教育事业的重要组成部分，职业教育已经成为我国培养技术型人才的重要途径，能够为社会输送大量优秀技术人员，促进社会经济的发展。

我国政府高度重视电子商务职业教育的发展。调查发现，大多数企业在招聘电子商务人才时，更倾向于聘用中职生从事网络推广、网络客服、网店美工等方面的工作，而管理类的工作则更倾向于聘用大专以上学历的人员。因此，中职生在电子商务人才市场上还是很受重视的。同时，用人单位对电子商务人才的要求主要体现在素质要求和能力要求两个方面。素质要求主要包括：（1）较高的政治素质；（2）良好的心理素质和职业道德；（3）良好的商业意识和就业、创业能力，良好的创新意识；（4）了解电子商务的发展方向，能够自主学习和适应职业变化。能力要求主要包括：（1）较强的实践能力；（2）终身学习的能力；（3）较强的社会活动能力。

本书以立德树人为目标，在对学生进行知识、能力培养的同时，将价值引领贯彻全书。在本次修订时，编者坚持与时俱进的原则，增加了短视频、直播推广等内容。

全书旨在通过"项目—任务—活动"的形式，结合中职学生的年龄和能力特点，融入企业真实案例，以故事串联知识点，吸引学生的注意力，潜移默化地提高学生的职业能力和综合素质，为企业培养合格的电商推广人才。

在本书中，每个项目均以"情境引入"介绍项目背景，将学生带入项目中。同时，将项目分成若干个任务，每个任务均设计了"任务描述"，让学生对任务的认识更加清晰。每个任务分成若干活动，在活动中穿插了小故事，每个活动后附有"活动评价"，即站在故事人物的角度对活动内容进行总结，并在任务后安排"合作实训"，所有实训任务都是根据活动内容而编写，以此来激发学生学习本课程的兴趣，培养学生的实践技能。为了检验学生的学习效果，每个项目后面附有项目检测题目，帮助学生掌握项目中的内容。

由于编者水平有限，书中难免会出现错误和疏漏之处，恳请广大读者批评指正！

编者
2023 年 3 月

目录

项目一　网络推广及职业岗位认知

任务一　初识网络推广 ………………………………………………………… 2
任务二　认知网络推广职业岗位 ……………………………………………… 5

项目二　网络推广方案

任务一　网络推广方案认知 …………………………………………………… 11
任务二　网络推广方案的内容与制订步骤 …………………………………… 13

项目三　搜索引擎推广

任务一　了解 SEO 技术参数 ………………………………………………… 24
任务二　竞价排名初实战 ……………………………………………………… 38
任务三　搜索引擎推广效果分析 ……………………………………………… 46

项目四　移动网站推广

任务一　移动搜索网站推广 …………………………………………………… 56
任务二　APP 推广 ……………………………………………………………… 61
任务三　移动社群推广 ………………………………………………………… 65
任务四　LBS 的实际应用 ……………………………………………………… 71
任务五　WiFi 推广 ……………………………………………………………… 77

项目五　其他网络推广实战

任务一　邮件推广 ……………………………………………………………… 84
任务二　SNS 推广 ……………………………………………………………… 90
任务三　新零售推广 …………………………………………………………… 97
任务四　短视频推广 …………………………………………………………… 103
任务五　直播推广 ……………………………………………………………… 107

项目六　电商平台推广实战

任务一　国内电商平台推广实战 ················· 114

任务二　跨境电商平台推广实战 ················· 127

参考文献 ················· 155

网络推广及职业岗位认知

▶ 情境引入

小然是某职业学校电子商务专业二年级的学生，平时爱玩手机，爱上网购物，也很爱动脑筋和学习。他的叔叔是"儒丸"食品店的老板，因店里的商品物美价廉，生意一直不错。叔叔的店铺一直走传统营销渠道，网络时代的到来让叔叔感到非常有必要开展网络推广。于是，叔叔让小然给他写一个网络推广方案，还答应给小然奖励。这让小然很开心，他终于可以靠自己的能力做一点事情了。

"儒丸"食品店的商品及价格信息如表 1-1 所示。

表 1-1 "儒丸"食品店的商品及价格信息

商品名称	价格（元/千克）	商品名称	价格（元/千克）
猪肉丸	20.00	鱼排	28.00
牛肉丸	33.00	鸡排	23.00
鲮鱼丸	23.00	猪排	25.00
鱼猪双混丸	21.00	牛排	48.00
蒜蓉豆豉排骨	35.00	云吞	16.00
清蒸排骨	35.00	饺子	15.00
糖醋排骨	30.00	咕噜肉	30.00

▶ 项目目标

知识目标

➢ 掌握网络推广的概念。

➢ 理解网络推广的分类。

➢ 理解网络推广、网络营销和网站推广的区别与联系。

能力目标

➢ 能利用网络收集和整理相关资料。

➢ 学会团队合作与分工。

➢ 学会与团队成员沟通。

素养目标

➢ 了解网络推广的行为规范，树立正确的网络推广价值观。

任务一　初识网络推广

▶ 任务描述

根据叔叔的店铺商品信息，小然打算和几个小伙伴组成一个团队，一起来完成这个任务。他们分头利用百度和其他搜索引擎收集网络推广的相关资料，学习网络推广的概念和网络推广的分类，然后再汇总，一起了解网络推广与网络营销、网站推广之间的区别与联系。

活动一　搜一搜：网络推广的概念和分类

小然找到他的同学小郭、小明和小燕，他们都很有兴趣参与这个项目，于是他们组成了一个电商推广团队，并给团队起了个名字——"果然推广团"，选小然做队长，他们一起分工合作，上网查阅相关资料，最后选出一名代表总结团队成果。

活动实施

一、网络推广的概念

网络推广是利用各种互联网推广工具把自己的产品（或服务）宣传和推广出去，提高自己的企业或产品（或服务）的知名度，从而获得更高收益的过程。

二、网络推广的分类

（一）按照推广平台分类

网络推广按照推广平台可分为网站推广和网店推广。

（1）网站推广，是指基于 URL 的平台推广方法，包含搜索引擎推广、移动网站推广、微博推广、论坛推广、邮件推广等。

（2）网店推广，是基于第三方电商平台推广的方法，主要包括淘宝平台推广、速卖通平台推广等国内外知名第三方平台推广方法。网店推广是狭义的网站推广。

（二）按照付费方式分类

网络推广按照付费方式可分为免费的网络推广和付费的网络推广。

（1）免费的网络推广主要有博客推广、微博推广、论坛推广、QQ 群推广、邮件推广、网店推广中的部分推广工具（如淘宝客）、移动网站推广的部分应用（如微信推广）等。

（2）付费的网络推广主要有搜索引擎推广、网店推广中的部分推广工具（如直通车）等。

（三）按照是否经过第三方机构分类

网络推广按照是否经过第三方机构可分为直接推广和间接推广。

（1）直接推广是指不经过第三方机构而由企业自己利用相关推广工具进行推广的模式。

（2）间接推广是指通过第三方机构实现推广自己企业产品或品牌的模式。

活动评价

小然通过和团队一起收集资料和学习，理解了网络推广是利用各种互联网推广工具把自己的产品（或服务）进行宣传和推广，提高自己的企业或产品（或服务）的知名度，从而获得更高的收益的过程，也懂得了网络推广的三种分类方法，体会到了团队合作的乐趣，他高兴地去找叔叔分享自己的收获。

活动二　想一想：网络推广和网络营销、网站推广的区别与联系

小然的团队在网上搜索相关资料后，对网络推广的概念和分类有了比较清楚的认识。但是，他们又有了新的问题：小郭说要给叔叔的食品店开展网络营销，小明说要给叔叔的食品店开展网络推广，小燕说需要给叔叔的食品店建个网站，进行网站推广。这下难倒了小然，该给叔叔的食品店进行网络营销还是网络推广，网站推广和网络营销、网络推广又有哪些联系呢？他们决定去请教张老师。

活动实施

一、网络推广与网络营销的区别与联系

（一）网络推广与网络营销的区别

1. 侧重点不同

网络推广重在"推广"二字，即通过互联网把产品或服务推广出去，使产品或服务增加曝光率，尽可能让更多的人知道。网络推广更注重通过推广给企业带来网站流量、访问量、注册量等，目的是提高被推广对象的知名度和影响力。只要通过网络推广，让知道产品或服务的人的数量达到预期，那么这就是一个成功的网络推广案例。比如，你给公司做××品牌服装的网络推广，你的任务就是通过贴吧、论坛、电子商务平台、博客、微博等网络渠道推广该品牌的服装，以达到增加品牌曝光度的目的。

网络营销侧重于营销层面。与网络推广相比，网络营销更重视执行网络营销策略之后

是否产生实际的经济效益。网络营销不仅要让更多的人知道有这个产品或服务，更关键的是要让网络营销工作产生实际的经济效益。衡量网络营销工作做得好不好，往往看卖出了多少产品或服务。

2. 投入不同

通常情况下，网络推广的投入比较少，很多推广渠道都是免费的，推广的费用也不会很高；在人力投入上，甚至一个人也可以操作。网络推广成功的关键是执行力，做得越多，曝光度可能就越高。

网络营销的投入通常比较高，需要团队协同工作才能完成。网络营销成功的关键是创意。以事件营销为例，尽管大家都在做事件营销，也许投入了很多、做得很认真，但效果未必很好，因为有可能你很努力了，但创意不太好。因此可以说，网络营销是一种"创意为王"的营销工作。

（二）网络推广与网络营销的联系

网络推广与网络营销是不同的概念，可以认为，网络营销和网络推广是包含与被包含的关系：网络营销中必须包含网络推广这一步骤，而且网络推广是网络营销的核心工作；没有网络推广的实施，网络营销的效果将会大打折扣。

二、网络推广、网络营销与网站推广的联系

网站推广是网络营销极其重要的一部分，因为网站是网络营销的主体，所以很多网络推广都包含着网站推广。当然，网络推广还包括进行非网站的推广，例如线下的对产品、公司的推广等。这三个概念之所以容易混淆，是因为网络推广活动贯穿于网站的生命周期，网站的策划、建设、推广、反馈等一系列环节都涉及网络推广活动，网络推广是网络营销不可缺少的环节。

网络推广、网络营销与网站推广三者的关系大致可以理解为：网络营销包含网络推广和网站推广，网站推广是具体化实例，该实例中网络推广的对象是网站，可以认为网站推广是狭义的网络推广。做一个网站，通过各种途径和方式进行推广，这是比较常见的网络推广形式，也是网络推广的主要形式之一。

网络推广概述

活动评价

经过思考以及张老师的启发，小然几个人终于明白了网络推广与网络营销、网站推广的区别与联系，原来网络营销包含网络推广，网络营销侧重于营销效果，网络推广侧重于推广效果，而网站推广是网络推广的主要形式之一，是网络推广的具体化实例。

合作实训

协作与抢答

四名同学为一组,组内成员两人一组互相协作,将网络推广的概念、网络推广的分类背下来。老师将网络推广的概念和分类方面的题目以 PPT 的形式展示,各组抢答,对答得又快又好的小组给予鼓励。

任务二 认知网络推广职业岗位

▶ 任务描述

小然、小郭、小明、小燕四人组成的网络推广团队在经过一段时间的基础理论知识的学习后,他们现在要开始分工了。根据调查,网络推广团队需要做的事情很多,他们必须根据自己的优势来选择合适的岗位,才能让整个团队变得优秀。团队成员在张老师的指导下,打算先利用百度和其他的搜索引擎各自收集网络推广的岗位和工作等方面的信息,汇总后,再根据每个成员的性格和特长来选择相应的岗位。

活动一 搜搜看:网络推广类岗位和职责

这是"果然推广团"的成员第二次合作收集资料了,这次他们的效率提高了很多,大家对搜索引擎也非常熟悉,于是收集"网络推广类岗位和职责"方面信息的工作开始了。他们各自收集资料之后,再总结成一份网络推广类岗位名称及职责表,由队长小然交给了张老师。

活动实施

网络推广类岗位名称及职责如表 1-2 所示。

表 1-2 网络推广类岗位名称及职责

岗位名称	岗位职责
搜索引擎推广员	主要负责在百度、谷歌等平台上开展搜索引擎优化工作,具体包括:(1)公司域名的申请及使用;(2)公司在搜索引擎的排名优化;(3)公司网站的关键词排名优化;(4)竞价广告(如百度百科、百度知道、百度贴吧、百度文库、百度地图)的优化等

续表

岗位名称	岗位职责
合作平台推广员	主要职责是利用行业网络媒体、邮件、BBS、Blog、IM等多种网络推广方式开展公司网站和相关产品的推广工作，具体包括：（1）在网络媒体（如搜狐媒体、搜狐客户端、腾讯客户端、网易客户端等）上推广公司以及产品；（2）在知名论坛、博客、聊天软件上注册账号，用恰当的手段推广公司以及产品；（3）在阿里巴巴、速卖通、淘宝、京东等第三方平台上推广公司以及产品
自建网站优化员	主要负责公司网站的信息更新以及优化等工作，具体包括：（1）针对产品热门关键词，将相关的产品信息发布到公司新闻网站，目的是利于百度、谷歌搜索引擎对公司网站的收录，保持公司网站每天都有更新；（2）配合网络工程师对公司网站关键词的优化，提供关键词，对网站建设提出一些建议，包括产品关键词的数量、密度和产品信息的发布等；（3）接受来自网站的客户咨询，同时记录咨询的有效信息，以便更好地优化网站
推广主管	主要负责整个推广团队的目标确定以及行动的指导工作，具体包括：（1）确认一天的产品推广计划；（2）在"站长工具"中对公司网站搜索引擎优化（SEO）进行综合查询，包括对公司排名、百度等对公司关键词收录数量、公司反向链接收录数量、公司关键词排名情况的查询；（3）查看公司网站来访流量、来访关键词、来访路径，分析用户搜索的热门关键词

在上述四个岗位中，推广主管要总结搜索引擎推广、合作平台推广、自建网站优化的效果，每天或不定时地制订推广计划；自建网站优化是网络推广的基础，只有先把企业网站内容优化好，才能进行搜索引擎推广和合作平台推广；没有搜索引擎推广和合作平台推广，即使自建网站优化得再好，营销效果也不会很理想。因此，这四个岗位之间既分工又合作，缺一不可。

活动评价

这次活动让小然和他的小伙伴们明白了一个完整的网络推广团队有四大岗位：搜索引擎推广员、合作平台推广员、自建网站优化员以及推广主管。这四个岗位有非常明确的责任分工，是既分工又合作的关系，这回"果然推广团"知道该怎样分工了。

活动二　分工：理解网络推广各岗位的基本职业素质

"果然推广团"刚好有四名成员，每个人的性格和特长不同，小然勇于接受挑战，沟通能力强，善于管理，责任心和分析能力很强；小郭好奇心强，热衷于上网购物，还自己做了微商，经常查看论坛、发微博等；小明对数字很敏感，善于理财，有投入产出的观念，一直想体验搜索引擎推广的乐趣；小燕是女生，文字功底好，逻辑思维能力强，爱看书，爱写文章。他们想请张老师为他们确定一下岗位分工。

活动实施

网络推广各岗位的职业素质要求如表1-3所示。

表 1-3　网络推广各岗位的职业素质要求

岗位名称	岗位职业素质要求	备注
搜索引擎推广员	头脑灵活，责任心强，抗压能力强；熟悉 SEO 推广方式，对付费推广有一定的经验	推广工作多而烦琐，需要各个岗位相互配合、相互支持才能收到理想效果。因此，无论处于什么岗位，都需要具备团队协作的精神和认真负责的态度
合作平台推广员	熟悉各种行业网络媒体，有一定的文字功底和沟通能力；善于使用博客和论坛等推广工具，具备相应的营销知识和技能素养；对第三方平台的站内推广有一定的经验	
自建网站优化员	对工作有激情，积极主动，具备优秀的团队协作精神，有责任心、执行力强；对企业产品信息熟悉，有一定的文字功底和关键字优化技能	
推广主管	办事谨慎、细致，思路清楚，善于总结和决策，数据分析能力强；能不断增强对数据、相关数据内部联系及逻辑的敏感度，能熟练运用 PR 值工具、站长统计工具、流量分析统计工具、世界排名工具、世界不同国家和地区采用的区域化搜索引擎、WHOIS 查询工具等做好网站流量的统计分析工作，提高各种推广方式、推广技巧的有效转化率	

网络推广相关岗位介绍

🎯 活动评价

　　经过本次学习，"果然推广团"的成员明白了推广团队各个岗位需要具备的素质，也明白了推广工作需要团队协作的精神和认真负责的态度。在张老师的指导下，他们完成了组内的岗位分工：小然担任推广主管，小明担任搜索引擎推广员，小郭担任合作平台推广员，小燕担任自建网站优化员。

⟳ 合作实训

　　将学生分成四人一组，按照网络推广岗位分配角色，写在纸上交给老师。老师将网络推广岗位的名称、职责、素养打印在卡片上，每组一套卡片，规定时间，看哪组的组员最快找到对应于自己的角色卡片和职责、素养卡片。

👤 项目总结

　　本项目主要介绍了网络推广的概念等，主要包括以下内容：

（1）网络推广的概念。

（2）网络推广的分类。

（3）网络推广与网络营销、网站推广的区别与联系。

（4）网络推广的岗位与职责。

（5）网络推广各岗位的职业素养。

这些理论知识与项目所涉及的知识和实训内容具有一定的相关性。本项目除了介绍了网络推广的基本理论知识外，还提到了网络推广团队协作的精神、认真负责的态度，这些素质是目前企业招聘人才、选拔人才的基本要求，也是中职生以后就业应该具备的职业素养。

法治护航

党的二十大报告提出，我们要广泛践行社会主义核心价值观，坚持依法治国和以德治国相结合，把社会主义核心价值观融入法治建设、融入社会发展、融入日常生活。因此，网络推广人员在进行产品、店铺、品牌推广过程中也应当践行社会主义核心价值观，遵守平台规则及相关法律法规，不得违反平台规则，触犯法律红线，否则将会对企业品牌造成不良影响。

《中华人民共和国广告法》（以下简称"《广告法》"）第9条规定："广告中不得有下列情形：（一）使用或者变相使用中华人民共和国的国旗、国歌、国徽，军旗、军歌、军徽；（二）使用或者变相使用国家机关、国家机关工作人员的名义或者形象；（三）使用"国家级""最高级""最佳"等用语；（四）损害国家的尊严或者利益，泄露国家秘密；（五）妨碍社会安定，损害社会公共利益；（六）危害人身、财产安全，泄露个人隐私；（七）妨碍社会公共秩序或者违背社会良好风尚；（八）含有淫秽、色情、赌博、迷信、恐怖、暴力的内容；（九）含有民族、种族、宗教、性别歧视的内容；（十）妨碍环境、自然资源或者文化遗产保护；（十一）法律、行政法规规定禁止的其他情形。"

《广告法》第28条规定："广告以虚假或者引人误解的内容欺骗、误导消费者的，构成虚假广告。广告中有下列情形之一的，为虚假广告：（一）商品或者服务不存在的；（二）商品的性能、功能、产地、用途、质量、规格、成分、价格、生产者、有效期限、销售状况、曾获荣誉等信息，或者服务的内容、提供者、形式、质量、价格、销售状况、曾获荣誉等信息，以及与商品或者服务有关的允诺等信息与实际情况不符，对购买行为有实质性影响的；（三）使用虚构、伪造或者无法验证的科研成果、统计资料、调查结果、文摘、引用语等信息作为证明材料的；（四）虚构使用商品或者接受服务的效果的；（五）以虚假或者引人误解的内容欺骗、误导消费者的其他情形。"

网络营销人员、网络推广人员应当具备一定的法律意识，要遵守《广告法》的相关规定，不得在产品、店铺、品牌等推广的过程中，出现如上所述的问题。

项目检测

一、单选题

1. 网络营销工具中，MailPanda 所属的辅助工具是(　　)。

A. 搜索引擎推广　　　B. 微博推广　　　C. 邮件推广　　　D. 淘宝网店推广

2. 以下关于网络营销与网络推广的说法，错误的是(　　)。

A. 网络营销重在"营销"，网络推广重在"推广"

B. 与网络营销相比，网络推广更重视执行营销策略之后是否产生实际的经济效益

C. 衡量网络营销工作做得好不好，往往看卖出了多少产品或服务

D. 网络推广更注重通过推广给企业带来的网站流量、访问量、注册量等

3. 下列网络推广方式中，属于网店推广的是(　　)。

A. 淘宝平台推广　　　　　　　　B. 电子邮件推广

C. 论坛推广　　　　　　　　　　D. 搜索引擎推广

4. 下列关于网络推广的说法，不正确的是(　　)。

A. 通过互联网把产品或服务推广出去

B. 注重通过推广给企业带来的网站流量、访问量、注册量等

C. 目的是提高被推广对象的知名度和影响力

D. 更加注重是否产生实际的经济效益

5. 下列选项中，属于付费网络推广方式的是(　　)。

A. 博客推广　　　B. 论坛推广　　　C. 邮件推广　　　D. 搜索引擎推广

二、多选题

1. 网络推广按照推广平台可分为网站推广和网店推广。下列选项中，属于网站推广的是(　　)。

A. 搜索引擎推广　　　　　　　　B. 移动网站推广

C. 微博推广　　　　　　　　　　D. 论坛推广

2. 网络推广与网络营销的区别是(　　)。

A. 出发点不同　　　　　　　　　B. 目的不同

C. 侧重点不同　　　　　　　　　D. 投入不同

3. 下列工作岗位中，属于网络推广岗位的是(　　)。

A. 搜索引擎推广员　　　　　　　B. 合作平台推广员

C. 自建网站优化员　　　　　　　D. 推广主管

4. 关于网络推广、网络营销与网站推广三者的关系，以下说法正确的是(　　)。

A. 网络营销包含网络推广和网站推广

B. 网络推广包含网络营销和网站推广

C. 网站推广是网络推广的具体化实例

D. 网站推广是狭义的网络推广

5. 下列选项中，属于搜索引擎推广员岗位职责的是（　　）。

A. 公司域名的申请及使用

B. 公司在搜索引擎的排名优化

C. 公司网站的关键词排名优化

D. 竞价广告的优化

三、判断题

1. 搜索引擎推广是一种免费的网络推广方式。（　　）

2. 直接推广是指不经过第三方机构而由企业自己利用相关推广工具进行推广的模式。（　　）

3. 衡量网络营销工作好坏的标准是产品或服务的销量是否提升。（　　）

4. 网络推广主管主要负责在百度、谷歌等平台上开展搜索引擎优化工作。（　　）

5. 合作平台推广员岗位需要熟悉各行业网络媒体，有一定的文字功底和沟通能力。（　　）

四、操作题

表1-4为某电商班四位同学甲、乙、丙、丁各自的特点和优势，请你根据四位同学各自的优势，为他们匹配最合适的网络推广岗位，并将结果填写在对应的表格中。

表1-4　某电商班四位同学的特点和优势

姓名	特点和优势	匹配岗位
甲	办事谨慎、细致，思路清楚，善于总结和决策，数据分析能力强；能不断增强对数据、相关数据内部联系及逻辑的敏感度，能熟练运用PR值工具、站长统计工具等	
乙	对工作有激情、有责任心、执行力强；对企业产品信息熟悉，有一定的文字功底和关键字优化技能	
丙	熟悉各种行业网络媒体，有一定的文字功底和沟通能力；善于使用博客和论坛等推广工具，具备相应的营销知识和技能素养；对第三方平台的站内推广有一定的经验	
丁	头脑灵活，责任心强，抗压能力强；熟悉SEO推广方式，对付费推广有一定的经验	

▶ **情境引入**

小然的团队在学习了网络推广的知识后，准备开始做网络推广。他们找到叔叔商量方案，叔叔称赞他们学习认真，但提醒他们在行动之前要先有个规划。于是小然他们打算先做好网络推广方案。

▶ **项目目标**

知识目标
➢ 掌握网络推广方案的概念、内容。
➢ 理解制订 B2B 平台网络推广方案的步骤。
➢ 掌握网络推广方案的框架。

能力目标
➢ 能写出网络推广方案的框架。
➢ 学会团队合作、分工。
➢ 学会理论联系实际。

素养目标
➢ 熟悉《广告法》，能够制订出合法合规的网络推广方案。

任务一　网络推广方案认知

▶ **任务描述**

和叔叔交谈后，"果然推广团"的成员们懂得了：事要做好，先做规划。他们计划首先通过网络资源学习网络推广方案的相关知识，然后再去完成任务。他们将工作进行了分解：小然和小郭负责整理网络推广方案的案例，小明和小燕负责整理网络推广方案的概念以及分类的相关资料，大家汇总之后，共同学习。

活动　搜一搜：网络推广方案的概念和工作安排

小然和小郭、小明、小燕一起先去图书馆查阅了一些资料，做好笔记，之后他们回到家里，又通过互联网收集了很多资料，他们建立了 QQ 群，把整理好的资料上传到群共享中，共同学习。

 **活动实施**

一、网络推广方案的概念

网络推广方案是指利用网络，在研究网络推广的商品和对象之后，通过科学的调研、分析和计划，制订出一套适合商品宣传和推广的、能够收到推广效果的方案。

二、B2B 平台网络推广方案

一般来说，网络推广方案按照使用平台可以分为 B2C 平台推广和 B2B 平台推广两种。现以 B2B 平台推广为例进行介绍。

（一）推广目标

B2B 平台网络推广的目标是：通过广泛有效的推广，将 B2B 平台的影响力全面延伸到互联网的各个角落，建立全球范围内领先的网络贸易集散中心，打造国内最具影响力和生命力的 B2B 电子商务信息交互平台。建设全国范围内包括按照行业、地域分类的企事业黄页，通过专业的服务及先进的网络技术，为中小企业搭建安全、稳定、高效、便捷、实用的综合性供需平台。

（二）阶段性计划工作安排

网络推广每个阶段的目标不同，所使用的策略也不同。

（1）建设和测试优化期目标：主要为网站内部优化和搜索引擎优化。工作安排：在网站建设完成后一个月内结束，过长的调整及修改时间对于一个网站来说只能意味着产品的不成熟。

（2）初期目标：登录国内外搜索引擎和导航站。工作安排：增加外部链接和反向链接数目，提高搜索引擎搜索的有效性和排名，在推广工作开始后大概 20 天内结束。

（3）发展期目标：为网站做整合推广（比如 Blog 推广、BBS 推广、软文推广等）。工作安排：有效内容的宣传将是一项长远的工作计划，也是吸引有效用户最直接的手段，是 B2B 平台的重要动力，在流量稳定后可适当减少。

（4）稳定期目标：整合资源，加速品牌推广，包括友情链接策略、渠道网站联盟、品牌店联盟以及分销商联合推广。工作安排：如何将现有的资源迅速整合和发展起来，是加速品牌推广、跻身互联网 B2B 类第一门户的关键，这也是稳定后发展下线、联合品牌最常用的推广模式。

网络推广方案介绍

🎯 活动评价

　　小然和小郭、小明、小燕通过学习和讨论，知道了网络推广方案的概念，也对 B2B 平台的网络推广方案有了比较清晰的理解，于是他们着手准备自己的网络推广方案了。

合作实训

　　三名同学为一组，通过互联网搜集资料，尝试为小然制订一个 B2C 平台推广的方案，并且指派一名同学来分享。

任务二　网络推广方案的内容与制订步骤

▶ 任务描述

　　通过学习，小然和他的团队成员对网络推广方案的概念和分类已经很熟悉，接下来他们就要开始制订自己的网络推广方案。在制订方案之前，小然想先了解一下完整的网络推广方案是怎样的。小然要求团队成员每人负责找一份完整的网络推广方案，然后大家汇总，总结出网络推广方案的主要内容和制订步骤。

活动　查找网络推广方案的内容和制订步骤相关资料

　　小然和小郭、小明、小燕利用网络和图书馆找到了与网络推广方案的内容和制订步骤有关的资料，并把自己整理好的资料上传到群共享中，共同探讨完整的网络推广方案的内容和制订的步骤。

活动实施

一、网络推广方案的内容

　　网络推广既涉及传统营销的手段，又涉及网络营销的手段，内容较为丰富。网络推广方案一般包括如下内容。

（一）战略整体规划

战略整体规划主要包括：市场分析、竞争分析、受众分析、品牌与产品分析、独特销售主张提炼、创意策略制定、整体运营步骤规划、投入和预期设定。

（二）营销型网站的建设

营销型网站的建设主要包括：网站结构、视觉风格、网站栏目、页面布局、网站功能、关键字策划、搜索引擎优化、设计与开发。

（三）传播内容的策划

传播内容的策划主要包括：品牌形象文案策划、产品销售概念策划、产品销售文案策划、招商文案策划、产品口碑文案策划、新闻资讯、内容策划、各种广告文字策划。

（四）营销手段选择

可供选择的营销手段主要包括：搜索引擎优化、博客营销、微博营销、论坛营销、知识营销、口碑营销、新闻软文营销、视频营销、事件营销、新闻报道推广、公关活动等。

（五）数据监控运营

数据监控运营主要包括：网站排名监控、传播数据分析、网站访问数量统计分析、访问人群分析、咨询统计分析、网页浏览深度统计分析、热门关键字访问统计分析等。

二、网络推广方案制订的流程

网络推广方案的制订遵循一定的流程，具体如图 2-1 所示。

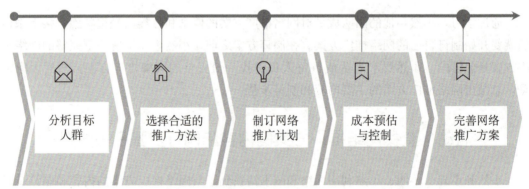

分析目标人群　选择合适的推广方法　制订网络推广计划　成本预估与控制　完善网络推广方案

图 2-1　网络推广方案的制订流程

三、网络推广方案举例

下面以《××公司网络推广计划书》为例介绍相关内容，具体如下。

××公司网络推广计划书

目　　录

1. 行业网站及竞争对手分析

  1.1　行业网站分析

  1.2　网络推广的前八竞争对手分析

1.3 各平台电子商务分析

1.3.1 阿里巴巴电子商务分析

1.3.2 慧聪网电子商务分析

1.3.3 中国空压机网电子商务分析

1.4 竞争度分析小结

2. 网络推广现状分析

2.1 当前态势分析（SWOT 分析）

2.2 现状小结

3. 网络推广具体方案

3.1 网络推广目标

3.2 网络推广方案策划

3.2.1 网络推广第一阶段：提升用户体验和网站权重

3.2.2 网络推广第二阶段：提升流量和品牌知名度

3.2.3 网络推广第三阶段：数据分析挖掘、精准推广、提升流量转换率

4. 网络推广风险评估

正　文

1. 行业网站及竞争对手分析

1.1 行业网站分析

百度指数分析如图 2-2 所示。

序号	关键字	周平均指数	三月平均指数	年平均指数	收录量	竞价网站数	SEO难易度	SEO价格/年	长尾关键词
1	空压机	829	755	867	3100W	11	中等偏上	8k-12k	螺杆空压机,复盛空压机,阿特拉空压机
2	螺杆空压机	199	188	200	630W	11	中等偏下	4k-6k	单螺杆空压机,无油螺杆空压机,双螺杆空压机
3	复盛空压机	197	171	195	191W	9	中等偏下	4k-6k	复盛空压机配件
4	阿特拉斯空压机	186	165	191	284W	11	中等偏下	4k-6k	阿特拉斯空压机配件,阿特拉斯空压机官网
5	空压机型号	178	188	231	451W	11	中等偏下	4k-6k	
6	英格索兰空压机	171	156	186	230W	11	中等偏下	4k-6k	英格索兰空压机配件,美国英格索兰空压机
7	螺杆式空压机	157	155	184	391W	11	中等偏下	4k-6k	螺杆式空压机润滑油
8	空压机配件	127	113	142	546W	11	中等偏下	4k-6k	英格索兰空压机配件,复盛空压机配件,阿特拉斯空压机配件
9	开山空压机	124	123	136	87W	8	中等偏下	4k-6k	
10	空压机维修	120	126	143	51W	11	中等偏下	4k-6k	
11	空压机价格	119	125	157	372W	11	中等偏下	4k-6k	
12	捷豹空压机	117	108	126	78W	11	中等偏下	4k-6k	
13	无油空压机	107	88	110	251W	11	中等偏下	4k-6k	静音无油空压机,全无油空压机,无油空压机租赁
14	寿力空压机	96	91	104	175W	8	较小	3k-4k	寿力空压机配件
15	博莱特空压机	90	94	105	70W	8	较小	3k-4k	
16	五环空压机	90	92	97	37W	8	较小	3k-4k	
17	二手空压机	83	80	80	333W	7	较小	3k-4k	
18	中国空压机网	80	87	95	87W	5	较小	3k-4k	中国空压机网
19	空压机网	80	87	95	40W	11	较小	3k-4k	
20	静音空压机	80	72	36	150W	11	较小	3k-4k	小型静音空压机

图 2-2　百度指数分析

全国城市分布如图 2-3 所示。

城市分布　●空压机

1	上海
2	北京
3	苏州
4	杭州
5	深圳
6	天津
7	郑州
8	广州
9	成都
10	长沙

图 2-3　全国城市分布

人群分布如图 2-4 所示。

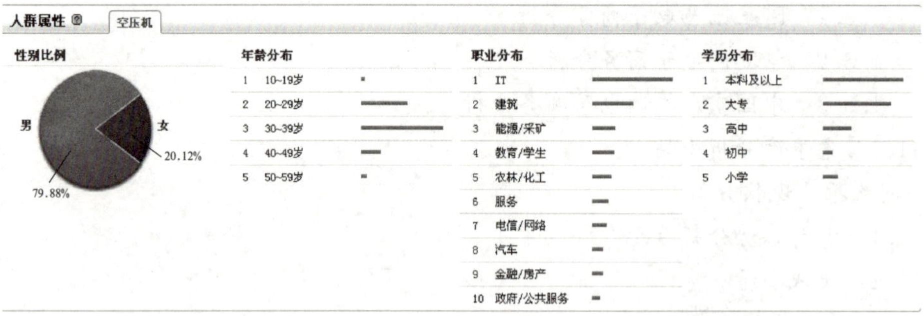

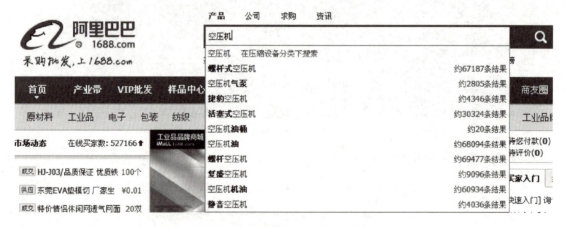

图 2-4　人群分布

1.2　网络推广的前八竞争对手分析

1.2.1　昆山××××贸易有限公司（具体分析略，下同）。

1.2.2　上海×××机械有限公司

1.2.3　×××机械有限公司

1.2.4　江苏××集团空气压缩机销售服务公司

1.2.5　常州××机械有限公司

1.2.6　上海××实业发展有限公司

1.2.7　上海×××机械科技有限公司

1.2.8　江苏××机械设备有限公司

1.3　各平台电子商务分析

1.3.1　阿里巴巴电子商务分析（如图 2-5 所示）。

图 2-5　阿里巴巴电子商务分析

"空压机"搜索结果：全国 8 138 家企业有产品；江苏省 1 068 家企业有产品；苏州市 332 家企业有产品。

"螺杆式空压机"搜索结果：全国 2 106 家企业有产品；江苏省 277 家企业有产品；苏州市 111 家企业有产品。

1.3.2　慧聪网电子商务分析

"空压机"相关信息 351 020 条；"螺杆式空压机"相关信息 41 410 条。

"空压机"厂家搜索结果：全国 20 978 家企业有相关产品；江苏省 2 148 家企业有产品；苏州市 819 家企业有产品。

"螺杆式空压机"厂家搜索结果：全国 2 942 家企业有产品；江苏省 290 家企业有产品；苏州市 112 家企业有产品。

1.3.3　中国空压机网电子商务分析

"空压机"供应信息 17 730 条。

1.4　竞争度分析小结

通过对百度、阿里巴巴、慧聪网以及中国空压机网等的网络数据的分析可以看出，空压机竞争已达到激烈程度，为了抢占商机，开发市场，网络推广势在必行。

2.　网络推广现状分析

2.1　当前态势 SWOT 分析（见表 2-1）

表 2-1　当前态势 SWOT 分析

优势（S）	劣势（W）
有自己的企业网站	SEO 团队不完善 投入资金有限 产品价格比较高
机遇（O）	威胁（T）
国内空压机市场比较大 网络社会媒体逐渐壮大 国内有提供外贸销售的平台	同行恶意竞争 网络负面信息 搜索引擎屏蔽

2.2　现状小结

公司电子商务还处于发展前期，一切有待完善，但是在网络推广方面有较大的市场机遇，应该大力发展网络推广。

3.　网络推广具体方案

3.1　网络推广目标

面对海量的空压机产品信息和上万家空压机公司，网络推广的目标显得尤为重要，决定着本次网络推广的成败。根据当下公司运营情况，本次的主要目标确定为提升需求客户的访问流量。

3.2　网络推广方案策划

3.2.1　网络推广第一阶段：提升用户体验和网站权重

这一阶段主要的目标是提升用户体验和提升网站的权重，为客户提供精简、一目了然的网站页面，在网站上增加可用性文章（如技术文档、解决方案、常见问题处理、产品资料等），完善辅导客户选型、用户留言、用户评分、活动专区等功能模块。

任务内容：

（1）整理当前网站的文档，罗列长尾关键词和 URL，处理好所有的死链接页面。

（2）每天收集空压机相关资料，编辑 1 篇新的原创性文档在站内发布，然后分享到新浪博客、QQ 空间、腾讯微博、搜狐微博、网易微博等。

（3）每 3 天编写 1 篇带锚文本的软文发布到阿里巴巴论坛和慧聪网论坛。

（4）完善客户快速选型模块，帮助客户快速找到自己需要的产品。

（5）给每一款产品建立一个评分和留言区，让客户进行评分和留言，实现公司与用户、用户与用户的互动，增强用户的黏性。完善网站客户功能，包括 QQ、阿里旺旺等在线客户服务。

3.2.2　网络推广第二阶段：提升流量和品牌知名度

（1）论坛方面。

在猫扑、百度贴吧、搜狐社区、天涯论坛上编辑文章发布。

（2）电子商务 B2B 方面。

在网站产品页每天发布 3 款产品到阿里巴巴账户，带上对应产品页网址链接；同时将这 3 款产品发布到慧聪网账户下面。开通阿里巴巴和慧聪网的会员并且购买黄金广告位。

（3）在线百科方面。

通过百度百科、SOSO 百科、互动网建立公司名片和产品百科。

（4）社交网站方面。

国内主要的社交网站有人人网、开心网、QQ 空间三大网站，这些网站是提高产品曝光率的重要手段。每天分享 1 篇带锚文本的站内文章到以上 3 个网站。

（5）微博方面。

建立公司新浪官方微博，分享公司所有动态，包括产品信息、公司活动等。每天收集使用空压机的相关行业用户并加关注；工作日时时在线；购买粉丝，快速提升官方微博的人气；公司搞活动的时候，可以通过微博有奖转发等活动来增加用户的关注度。

（6）博客方面。

博客是外链的一个重要类型，每天在网易、新浪、百度空间发布 2~3 篇空压机相关文章。

（7）邮件营销方面。

收集需要空压机的相关行业从业人员的邮箱地址，整理分类。编写针对各行业特点的邮件模板，建立邮件标题表，发邮件时勾选已读回执选项，每天统计好已读的邮件地址，建表（含标题、模板编号、邮箱地址、阅读日期、发送日期等信息）保存。

（8）百度竞价方面。

收集空压机相关关键词，分配好关键词产品的页面，建表（含关键词、描述、网址、竞价价格、访问次数统计等信息），分析流量的真实效果，及时调整竞价价格。

（9）招聘信息方面。

公司在招聘人员时可以在 51job、中华英才、智联招聘等主要平台发布职位信息，介绍公司时带上公司网址。

3.2.3　网络推广第三阶段：数据分析挖掘、精准推广、提升流量转换率

（1）建立空压机论坛。

当产品有一定的知名度和拥有一定数量的用户时，建立一个可以互动的论坛是非常有

必要的，这是一个非常好的、可以自控的推广平台，它将成为品牌宣传的重要阵地。在具体运营过程中，要保证论坛的文章质量，杜绝垃圾信息。

（2）分析流量数据，建立数据档案。

通过流量数据分析网站上访问者的主要来源、目标人群所在媒体平台、网站关键字，建立网站关键字档案列表。

（3）建立外贸网站。

建立符合国外用户浏览习惯的空压机英文网站，尽可能地提供产品的详细信息。

（4）制作电子杂志。

这是针对后期留住目标客户的措施。每周发一次，最好使用类似于"苏州××空压机资讯第×期"这样的标题。

（5）网络公关。

当网络上出现负面新闻时，及时采取网络公关措施，避免出现蝴蝶效应。

（6）通过阿里巴巴发布外贸产品和外贸信息。

4. 网络推广风险评估

此方案所有的推广方法都是基于互联网进行的，也存在很多风险，或许会使整个网络推广失败。风险主要存在于以下几个方面：

（1）百度竞价遭到恶意点击，造成竞价投入与收益不成正比。

（2）阿里巴巴外贸平台和慧聪网政策改变，产生额外费用。

（3）网站服务器遭到黑客入侵或因自然灾害而停止工作或无法正常工作。

（4）处理负面新闻或资料等网络公关费用支出。

（5）人力资源短缺或缺失，致使无法按时完成任务。

网络推广方案规划

活动评价

小然和其他团队成员经过收集和整理，发现网络推广方案真的非常重要，他们一起探讨了网络推广方案的内容，打算根据网络推广方案的制订步骤，尝试着撰写一份简单的网络推广方案。

合作实训

根据所学习的知识，参照网上或者教材上的网络推广方案案例，尝试让小组内成员按照合理分工共同完成一份网络推广方案。

法治护航

《中华人民共和国广告法》（以下简称《广告法》）自 1995 年 2 月 1 日实施以来，在规范广告活动、促进广告业健康发展和保护消费者权益方面，发挥了重要作用。之后随着我国经济社会的发展，出现了许多新情况、新事物，广告业的经营环境也发生了很多变化，老的《广告法》已无法规范一些新的广告乱象。2015 年，《广告法》做了第一次修订；2018 年，《广告法》做了第一次修正；2021 年，《广告法》做了第二次修正。

2021 年修正后的《广告法》有如下十个亮点：

一是充实和细化了广告内容准则。修正后的《广告法》的内容准则更加丰富，比如完善了保健食品、药品、医疗、医疗器械、教育培训、招商投资、房地产、农作物种子等广告的准则，将与人民群众的消费、生活、健康密切相关的问题都增加了进来。

二是明确虚假广告的定义和典型形态。虚假的宣传、引人误导的内容，这些均属于虚假广告。

三是新增广告代言人的法律义务和责任的规定。在广告当中经常有一些明星、专家、社会知名人物做某产品的推荐和代言，修正前的《广告法》中对这些代言人是没有法律规制的。修正后的《广告法》对明星代言也做了法律责任规定，只要明星代言的是虚假广告，同样负有连带责任。

四是严控烟草广告发布。修正后的《广告法》对烟草广告做了更加严格的规定，禁止在一切大众媒体和公共场所发布烟草广告，禁止变相地发布违法广告。

五是新增关于未成年人广告管理的规定。比如，不能在学校、幼儿园、少年儿童经常活动的场所做广告，特别是不能在教材里做广告。

六是新增关于互联网广告的规定。修正后的《广告法》对互联网广告有了规定，比如互联网广告应一键关停，电子邮件未经同意不能发送等。

七是强化了对大众传播媒介广告发布行为的监管力度。传媒是广告主体的最后一道把关主体，传媒对其所发布的广告应承担重要责任。修正后的《广告法》对发布广告的媒体和平台做了严格规定，并且也加大了处罚力度。

八是增加公益广告，扩大了广告法的调整范围。

九是明确和强化市场监管机关及有关部门对广告市场监管的职责职权，提高了执法和监管的要求。

十是增加了处罚力度，进一步提高了法律的震慑力。修正前的《广告法》根据广告费用处罚款 1～5 倍，现在是 3～5 倍，广告费用难以计算的，最高可以处罚 200 万元，所以处罚力度更大，对违法广告形成了震慑。

资料来源：周业垦．新的广告法有哪些明显的变化．法师兄法律咨询，2022－12－12．

项目总结

本项目主要介绍了网络推广方案的相关知识，主要包括以下方面：

（1）网络推广方案的概念。

（2）B2B平台网络推广方案的工作安排。

（3）网络推广方案的内容。

（4）制订网络推广方案的步骤。

（5）网络推广方案示例。

项目检测

一、单选题

1. 关于网络推广方案的概念，下列说法不正确的是（　　）。

A. 网络推广方案需要研究网络推广的商品和对象

B. 网络推广方案的制订要进行科学的调研、分析和计划

C. 网络推广方案要适合进行商品宣传和推广

D. 网络推广方案在制订时不需要考虑推广效果

2. 下列属于B2B平台网络推广初期工作安排的是（　　）。

A. 进行有效内容的宣传　　　　　　B. 增加外部链接和反向链接数目

C. 迅速整合现有资源　　　　　　　D. 进行网站建设

3. 下列选项中，属于营销型网站建设内容的是（　　）。

A. 关键字策划　　　　　　　　　　B. 品牌形象文案策划

C. 招商文案策划　　　　　　　　　D. 产品销售概念策划

4. 下列选项中，属于网络推广方案中整体战略规划的是（　　）。

A. 网站设计与开发　　　　　　　　B. 产品销售概念策划

C. 市场分析　　　　　　　　　　　D. 内容策划

5. 下列关于网络推广方案的制订步骤，正确的是（　　）。

A. 制订网络推广计划—分析目标人群—选择合适推广方案—成本预估与控制—完善网络推广方案

B. 分析目标人群—成本预估与控制—选择合适推广方案—制订网络推广计划—完善网络推广方案

C. 选择合适推广方案—分析目标人群—制订网络推广计划—完善网络推广方案—成本预估与控制

D. 分析目标人群—选择合适推广方案—制订网络推广计划—成本预估与控制—完善网络推广方案

二、多选题

1. B2B平台网络推广的目标是（　　）。

A. 提高 B2B 平台的影响力

B. 建立全球范围内领先的网络贸易集散中心

C. 打造国内最具影响力和生命力的 B2B 电子商务信息交互平台

D. 将 B2B 平台全面延伸到互联网的各个角落

2. 属于 B2B 平台网络推广建设和测试优化期工作范畴的是（　　　）。

A. 导航站收录　　　　　　　　　B. 网站内部优化

C. 搜索引擎优化　　　　　　　　D. 友情链接策略

3. 下列网络推广策略中，属于网站整合推广的是（　　　）。

A. blog 推广　　　　　　　　　B. 友情链接

C. BBS 推广　　　　　　　　　D. 软文新闻推广

4. 下列属于网络推广方案中数据监控运营范畴的是（　　　）。

A. 网站排名监控　　　　　　　　B. 传播数据分析

C. 访问人群分析　　　　　　　　D. 市场分析

5. B2B 平台网络推广稳定期的策略包括（　　　）。

A. 分销商联合推广　　　　　　　B. 品牌店联盟

C. 渠道网站联盟　　　　　　　　D. 友情链接策略

三、判断题

1. 一般来说，网络推广方案按照使用平台可以分为 B2C 平台推广和 B2B 平台推广两种。（　　　）

2. 在网络推广的发展阶段，有效内容的宣传是一项短期工作计划。（　　　）

3. 网络推广初期工作安排需要在推广工作开始后大概 30 天内结束。（　　　）

4. 网络推广既涉及传统营销的手段，又涉及网络营销的手段。（　　　）

5. 整合资源是网络推广稳定后发展下线、联合品牌最常用的推广模式。（　　　）

四、论述题

网络推广方案的制订需要遵循一定的流程。请你根据所学知识，列出网络推广方案制订的一般步骤。

搜索引擎推广

▶ 情境引入

王乐乐是某互联网公司的一名推广专员，负责日常的线上推广工作，公司现在需要在百度引擎上推广 i 博导官网，该网站是一个互联网教学平台，专注于泛商科类专业的在线教育，致力于教学服务、技能提升。公司希望通过百度引擎推广提升该网站的曝光量，增加网站的流量。

i 博导在线课程产品及其价格如表 3-1 所示。

表 3-1 i 博导在线课程产品及其价格

产品名称	价格（元/套）	产品名称	价格（元/套）
2021 电商专业开年大课	1.00	新媒体营销	免费
"双 11" 带货创收特训营	19.90	网店运营实务	免费
电商实战运营课	199.00	网络营销全新认识	免费

▶ 项目目标

🔨 知识目标

➤ 掌握搜索引擎推广的概念、工具、特点等。

➤ 理解并掌握搜索引擎推广中的网站优化与推广实践。

➤ 理解搜索引擎推广竞价与数据分析。

🔑 能力目标

➤ 会利用网络搜集和整理相关资料。

➤ 学会团队合作、分工。

➤ 学会与团队成员沟通。

✒ 素养目标

➤ 了解《互联网信息搜索服务管理规定》，在网络推广岗位上能够遵守行业要求，规范开展相关推广工作。

任务一　了解 SEO 技术参数

▶ **任务描述**

根据公司发布的线上推广任务，王乐乐需要与团队中的几名小伙伴分工合作，在规定的时间节点里完成 i 博导百度推广的工作任务。由于大家对百度搜索引擎推广了解比较少，于是他们在互联网上各自收集搜索引擎推广的相关资料，学习 SEO 基础知识和工具，了解了搜索引擎排名权重因素等。

活动一　SEO 基础知识和工具、搜索引擎排名权重

王乐乐向他的几名伙伴简单介绍了任务内容、任务要求、任务分工、任务规划等事项，接下来就需要大家分头上网查询相关资料，形成搜索引擎推广的丰富知识积累，对 SEO 推广达成共识。

活动实施

一、SEO 基础知识

（一）SEO 的含义

SEO 是由英文 Search Engine Optimization 缩写而来，中文译为"搜索引擎优化"。SEO 是指通过对网站进行站内优化（网站结构调整、网站内容建设、网站代码优化等）和站外优化，以使网站更好地被搜索引擎收录和拥有更好的网站排名。

（二）SEO 的特点

需要搜索引擎优化的网站通常具有以下特征：

（1）网页中大量采用图片或者 Flash 等富媒体（Rich Media）形式，没有可以检索的文本信息，而 SEO 最基本的就是文章 SEO 和图片 SEO。

（2）网页没有标题，或者标题中没有包含有效的关键词。

（3）网页正文中有效关键词比较少，最好自然而有重点地分布，不需要特别地堆砌关键词。

（4）网站导航系统让搜索引擎"看不懂"。

（5）大量动态网页影响搜索引擎检索。

（6）没有其他已经被搜索引擎收录的网站提供的链接。

（7）网站中充斥着大量欺骗搜索引擎的垃圾信息，如桥页（又称门页、过渡页）、颜色与背景色相同的文字。

（8）网站中缺少原创的内容，完全照搬别人的内容等。

二、SEO 工具

SEO 工具即在搜索引擎优化过程中用到的辅助软件，如查询工具、排名工具、流量分析软件、站群软件等。常用的有 Google PageRank 查询、Alexa 排名查询、NNT 流量查询等。

三、搜索引擎排名权重及其影响因素

（一）搜索引擎排名权重概述

权重一般指网站权重，是对网站整体上的考量，是决定网站排名的重要因素。当人们利用搜索引擎搜索时，搜索引擎会根据权重等来进行排名展示。

网站权重不是排名，因为排名是以单页面为单位的，而网站权重是从整体上考量的。

网站权重决定了网站排名的说法太过片面，排名是个综合算法因素，网站权重占其中一部分，不代表全部。

（二）影响因素

（1）网站或网页核心关键词在搜索引擎的排名。

（2）权威开放式目录收录与否，比如 DMOZ、Yahoo 目录中是否收录等。

（3）搜索引擎数据库中有多少链接指向该网站或网页。

（4）域名年限（自域名被搜索引擎初次收录时算起）。

（5）网站链接质量及数量。

（6）域名性质。很多 SEO 优化师都认同 .com、.org 和 .edu 的域名。

（7）内容坚持原创。过多或长期转载文章或进行伪原创，可能会降低网站权重或被逐步删除所转载来的文章，导致降权等。

（8）更新频率。一个不经常更新的站点，特别是以大量文章为主的"个人网站"停止更新，权重就会慢慢降低。

（9）内容页。这主要看内容页是否和首页以及网站主题有较为紧密的联系、内容页之间的衔接、关键字的布局，以及内容页是否具有专业性、权威度如何。

（10）网站的诚信度。Google 除 PR 值以外，还有一个诚信指数，即通过对一些高质量网站的分析，给出一个"诚信"网站应该有的一些指标，并用这些指标来分析网站的诚信度。

网站权重影响因素分析如图 3-1 所示。

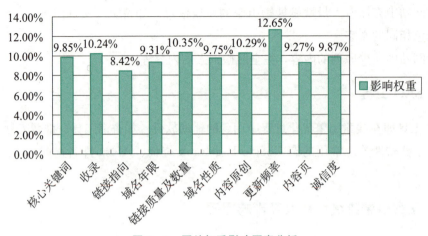

图 3-1　网站权重影响因素分析

活动评价

经过思考和查阅资料，王乐乐几个人终于明白了网站权重是对网站整体的考量，是决定网站排名的重要因素。当人们利用搜索引擎搜索时，搜索引擎会根据权重等来进行排名展示，影响搜索引擎排名权重的因素非常多。

活动二　网站诊断

王乐乐团队在网上搜索了相关资料后，对搜索引擎推广的概念和工具有了比较清晰的认识。但是，他们又遇到了新的问题：i博导互联网教学平台的访问流量增长较慢，究竟是什么原因造成了这种状况呢？

活动实施

网站诊断是针对网站是否有利于搜索引擎搜索、是否有利于浏览、是否能给浏览者良好的交互体验及是否有利于网络营销的一种综合判断行为。网站诊断一般思考以下几个方面：自身剖析、定位、模式、在行业中的竞争性分析、短期规划与长期战略等。

一、网站 SEO 诊断的具体工作内容

（一）分析网站链接路径的唯一性

网站链接路径的唯一性是指网站每个网页链接路径都只有独立的一条，有的网站首页解析了好几个网页链接路径出来，这样只会导致该网站权重分散。这是做网站 SEO 诊断最基础、最关键的一点。

（二）分析网站 robots. txt 协议文件是否书写正确

网站上线后，搜索引擎蜘蛛第一个爬取的网站文件就是 robots. txt，该文件是搜索引

擎协议文件，因此书写正确的 robots. txt 文件至关重要。

设置 robots. txt 时需要注意以下几个方面：

（1）不希望被搜索引擎蜘蛛爬取到的文件都要屏蔽掉，一般主要屏蔽网站后台 JS、CSS 文件、网站后台图片等。

（2）不希望被搜索引擎蜘蛛爬取到的网页链接都要屏蔽掉，一般主要屏蔽网站后台登录网址、网站动态路径等。

（3）可以将 XML 格式的网站地图放在 robots. txt 的末尾处，这样做的好处是方便搜索引擎蜘蛛爬取网站所有文章，从而提高网站文章内容的收录率。

（三）检查网站是否正确设置了 404 错误页面

检查网站是否正确设置了 404 错误页面也是很重要的。如果一个网站没有正确设置 404 错误页面，将会使来访用户在输入一个错误网址或是访问一个丢失不存在的网页时，找不到一个网页错误引导页面，从而产生网站跳出率的问题。网站跳出率也是影响关键词排名的因素之一，所以网站一定要正确设置 404 错误页面。

（四）检查网站是否正确设置了网站地图的格式

所谓网站地图，就是网站整体的一个文章聚合页，也称 sitemap。网站地图不仅可以方便搜索引擎蜘蛛爬取，提高文章收录率，还可以方便用户查看网站文章的新动向。网站要做 XML 和 HTML 两种格式的网站地图。XML 格式的网站地图简称搜索引擎蜘蛛地图，主要用于搜索引擎蜘蛛爬取；HTML 格式的网站地图简称用户地图，主要方便用户浏览。

（五）诊断网站同 IP 站点的健康状况

我们都知道，网站都是挂靠在一个服务器上的，服务器有很多个虚拟分区，这些虚拟分区都带有各自的 IP 地址，因此，网站挂靠在服务器上，就会产生同 IP 站点，如果同 IP 站点有一些是博彩或是灰色行业的，网站也会受到牵连，从而导致网站排名上不去。所以，要检查网站同 IP 站点的健康情况，避免同 IP 产生的问题。

（六）分析诊断网站友情链接状态

网站的友情链接是目前为止传递权重最好的一种高质量外链，但是需要注意的是，交换来的友情链接网站不能存在任何 SEO 问题。

网站交换友情链接的具体注意事项如下：

（1）网站友情链接交换的数量不要过多，中小型站点一般交换 30 个左右，大站除外。

（2）网站友情链接交换要检查对方网站是否有违规的 SEO 优化行为。

（3）网站友情链接交换要注意对方网站本身交换的友情链接数量是否过多。

（4）网站友情链接交换要注意对方网站的行业与自己网站的相关度。

（5）网站友情链接交换要注意交换完成之后对方网站是否给己方网址加了 nofollow 标签。

二、快速 SEO 诊断

快速 SEO 诊断主要包括以下几个方面。

（一）诊断网站打开速度

诊断网站的打开速度是最基础的，因为一个网站打开速度过慢，会直接影响网站用户的体验，影响网站与搜索引擎的友好度。诊断网站打开速度一般可以在自己的电脑上进行，也可以在一些站长工具里进行。

（二）分析网页路径

分析网页路径主要是分析网页是否设置了 301 重定向、有无多条重复网页路径、有无动态路径等。如果网站同时支持静态和动态路径，则可以通过 robots.txt 搜索引擎协议文件来屏蔽掉动态路径。

（三）分析网页返回码

要判断网页返回码设置是否错误，可以在一些站长工具里输入一个错误网址，然后查看该链接是不是 404，或检查一下解析的域名 301 重定向有没有成功。

（四）诊断网站标题

网站标题设置得好不好会直接影响网站关键词排名。诊断网站标题时，首先看网站标题是否设置过长，一般标题设置在 24 个字以内，超过 24 个字会显示不出来；其次要注意标题关键词，一般设置为"核心词＋副词＋品牌词"。

（五）诊断网页标签

网页标签主要是指 H1～H6 标签，它们的级别从 H1 到 H6 逐级降低。之所以要诊断网页标签，是因为网页标签用得好，可以让搜索引擎蜘蛛爬取时觉得网页做得很规矩，从而增加页面的得分。需要注意的是，每个网页只能有一个 H1 标签。

（六）诊断 ALT 图片标签

设置 ALT 图片标签是为了让搜索引擎蜘蛛读懂图片上所显示的内容。对于一些图片站或是企业产品展示站等图片很多的网站来说，一定要写上图片的 ALT 标签。如果没有该标签，就不利于搜索引擎爬取，也就不利于优化，该网站或是网页得分就偏低。如果图片要优化得更细致的话，还要加上标题标签，以提升用户体验。

（七）分析网页内容

分析网页内容质量是很重要的。以企业网站为例，如果是一些产品展示，就不要单纯地使用图片，要图文结合，还要列出一些产品介绍、产品价格、产品使用方法等文字说明，这样既丰富了文章内容、提高了文章质量，还可以让用户看得明白。搜索引擎偏好高质量的文章内容，一般会给这样的站点以较高评分。

给网站做 SEO 诊断主要是为了找出网站存在的一些优化方面的问题，以帮助提升网站的综合得分，从而提高网站关键词排名。

活动评价

　　经过思考和查阅资料，王乐乐几个人终于知道了网站诊断是针对网站是否有利于搜索引擎搜索、是否有利于浏览、是否给浏览者良好的交互体验以及是否有利于网络营销的一种综合判断行为。网站诊断一般会考虑以下几个方面：自身剖析、定位、模式、在行业中的竞争性分析、短期规划与长期战略等。同时，团队协作能让他们更加轻松地掌握知识。

活动三　网站结构与页面优化

　　王乐乐团队在上一个活动中对网站诊断有了较好的实践。但是，仅仅找到网站存在的问题是不够的，他们还需要考虑 i 博导互联网教学平台的网站结构和页面布局是否合理。

活动实施

一、网站结构与页面优化概述

　　网站结构通过优化可以变得更加合理。合理的网站结构能够正确地表达网站的基本内容及内容之间的层次关系，站在用户的角度考虑，可以使用户在浏览网站时方便地获取信息，不至于迷失。优化网站结构有两方面的含义：一是优化网站的物理结构；二是优化网站的逻辑结构。

　　归纳起来，合理的网站结构主要体现在以下四个方面：

　　（1）通过首页可以到达任何一个一级栏目首页、二级栏目首页以及最终内容页面。

　　（2）通过任何一个网页都可以返回上一级栏目页面，并逐级返回首页。

　　（3）主栏目清晰并且全站统一。

　　（4）通过任何一个网页都可以进入任何一个一级栏目首页。

二、网站优化步骤

（一）竞争对手/行业分析

　　了解客户的行业和竞争对手的情况，给客户做好定位。结合客户的需求，找到客户真正的价值所在。只有明确了客户需求的价值，才能够指导后期的工作。

（二）站内优化

　　站内优化包括以下内容：

　　（1）关键词策略：根据用户行为分析，筛选出关键词，并从用户体验出发，进行关键词落地。

　　（2）架构策略：站点的构架不仅要考虑搜索引擎的友好度，也要考虑访问者的逻辑与访问行为。

（3）内容策略：考虑用户需要什么样的内容，即考虑什么样的内容展现形式可以吸引搜索引擎。

站内优化示例如图3-2所示。

图3-2　站内优化示例

（三）站外推广

站外推广包括以下内容：

（1）推广内容建设：定期根据热点编写相关精品软文。

（2）外链引导搜索引擎蜘蛛爬取：通过论坛、分类信息、博客、行业网站等建设大量的高质量外链，引导搜索引擎蜘蛛对官网进行爬取，提升收录率。

（3）高权重外链提升站点权重：通过问答、百科、采购行业相关高质量链接、新闻媒体软文等建设高权重站点链接，提升站点排名及流量。

（4）策略调整优化：根据站点最新相关数据以及搜索引擎算法调整动态，不断优化站点推广策略。

站外推广示例如图3-3所示。

图3-3　站外推广示例

活动评价

经过前期思考，团队成员终于清晰了解了网站优化的含义以及网站优化的步骤。同时，通过团队协作，团队成员已掌握了网站优化的操作技能。

活动四 探一探：外部链接的建设

王乐乐团队通过分析 i 博导的网站结构和页面布局，对网站优化有了比较清晰的认识。那么，i 博导网站是否还可以通过其他途径来提升自己的流量呢？

活动实施

网站外部链接的建设是非常重要的工作，它不仅可以提高网站的权重，还能够提升网站的排名。那么，有哪些常规的方法可用于网站的外部链接建设呢？

一、创建微博外链

企业可通过长时间经营微博来提升微博的权重，同时还可以有规律地在微博中创建自身网站的外部关键词链接。如果企业拥有自己独立域名的网站或者微博，也可以创建外部链接。当然，外部链接数量要适当，不要每篇微博都发外部链接。总之，做微博外部链接需要提高搜索引擎的信任度，有规律地进行外部链接建设。利用微博建设外部链接示例如图 3-4 所示。

图 3-4 利用微博建设外部链接示例

二、发表高质量文章

在高权重论坛写一些高质量的文章，尽量让这些文章被搜索引擎收录，并在这些发表文章的地方加上自己网站的链接。可以同时经营多个账号，然后拿出自己网站上的高质量文章，带上链接发表。当然，这些高质量文章要有规律地发，不要"三天打鱼两天晒网"。发表高质量文章建设外部链接示例如图3-5所示。

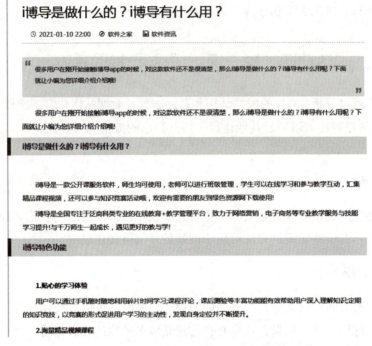

图3-5　发表高质量文章建设外部链接示例

三、论坛留言

高质量、有价值的评论能够引起网站用户的重视，这些用户会进入网站，甚至关注博主、收藏网站。采用论坛留言这一方式时，互动十分关键。论坛留言示例如图3-6所示。

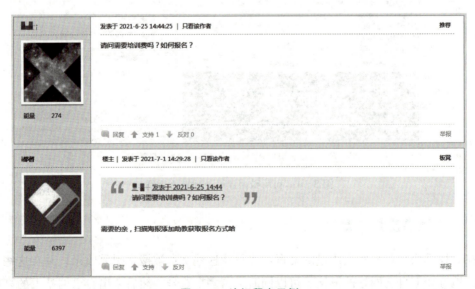

图3-6　论坛留言示例

四、在商业伙伴的网站上建设链接

每个企业都会有商业伙伴，例如供货商、客户等，这些商业伙伴的网站也是企业网站的外部链接来源，要尽量在合作伙伴的网站上建设链接。图3-7所示为 i 博导某合作企业官网上建设的 i 博导的友情链接。

图3-7　友情链接示例

五、利用百度百科及问答类网站建设外部链接

百度百科、百度知道、天涯问答等都是很好的建设外部链接的地方。例如百度百科有拓展阅读部分，如果企业网站的相关性很强、价值很高，那么，在百度百科中审核通过的概率还是很高的。外部链接建设人员需要利用好这些资源。在百度上建设外部链接示例如图3-8所示。

i博导怎么换身份

答：您好朋友：不用过于担心，填写错了，可以修改。平台也一个修改个人信息入口进行修改。也可以与学校联系，让管理员在后台处理一下。【摘要】i博导怎么换身份【提问】您好朋友：不用过于担心，填写错了，可以修改。平台也一个修改个人信息…

2021-09-10　回答者：156******58　1个回答

请同学们从运营的角度分析i博导:1、用户是谁?他们…

答：i博导是一款电子商务学生在线教育平台，提供海量的视频课程、学习资料，学生可以在线学习和班级同学交流互动。老师可以在线管理班级、发布作业、进行互动，对学生的掌握情况进行分析，针对性教学，是全国专注于泛商科类专业的在线教育+教学管理…

2021-10-14　回答者：钤婕LV　1个回答

i博导悬浮窗会被检测出来吗

答：i博导悬浮窗会被检测出来，itest手机端能检测到浮窗啊，智能手机是具有独立的操作系统，独立的运行空间，可以由用户自行安装软件、游戏、导航等第三方服务商提供的设备，并可以通过移动通讯网络来实现无线网络接入的手机类型的总称。悬浮窗的使…

2022-02-09　回答者：a15027712813　1个回答

图3-8　在百度上建设外部链接示例

六、购买链接

购买少量高权重相关性链接一定程度上能够提高网站的权重，但是购买链接存在一定的风险，如果被搜索引擎检测出链接是购买而得，可能会对买卖链接双方进行惩罚，所以不能过多地依赖购买链接。购买链接示例如图3-9所示。

图3-9　购买链接示例

七、利用社会化媒体网站建设外部链接

社会化媒体网站目前比较流行，包括内容分享、社交网络等形式的网站。例如：让网络大V发微博介绍网站，微博上留有链接，一般会有很多粉丝去点击；借助一些官方账号发表网站活动的文章，增加外部关键词链接等。利用社会化媒体网站建设外部关键词链接的示例如图3-10所示。

八、利用新闻稿发布网站建设外部链接

新闻发布网站允许用户注册、提交和发布新闻稿件，并允许投稿人留下少量链接。大多数新闻网站具有很好的权重，所以，新闻网站也是一个比较好的建设外部链接的地方。

🎯 **活动评价**

经过思考与查阅资料，王乐乐团队了解了网站外部链接建设的一些方法。

图 3-10　利用社会化媒体网站建设外部关键词链接示例

活动五　域名的申请及使用

王乐乐团队通过前面的几个活动，对网站优化、诊断都了如指掌了，可是 i 博导网站还缺少一个响亮而且好记的域名，那么这个域名该如何申请呢？

 活动实施

一、域名申请概述

申请域名时，域名申请者可向第三方服务商申请，用于解决互联网地址对应问题。域名申请遵循先申请先注册原则，每个域名都是独一无二的，价格不等；7 个类别的顶级域名是按用途分类的，以不同后缀结尾；域名代表互联网协议（IP）资源。国际域名管理机构遵循"先申请，先注册，先使用"的原则，域名申请者只需要缴纳金额不高的注册年费持续注册，就可以拥有域名的使用权。

二、域名申请步骤

（一）准备申请资料

.com、.cn 域名已经开放个人申请注册，在进行域名注册时可以暂不提交身份证、营业执照等资料。但是在域名解析前需要提交身份证信息或企业资料审核，进行域名备案；如果用户未提交或未在规定时间内提交，域名将被强行指定禁止解析。

（二）寻找域名注册商

域名申请者可以在万网上注册域名，也可以在美橙互联上注册域名。.com、.cn 等不同后缀的域名均由不同的注册管理机构管理，.com 域名的管理机构为互联网名称与数字地址分配机构（ICANN），.cn 域名的管理机构为中国互联网络信息中心（CNNIC）。下面我们以万网注册为例进行说明。

万网官网链接如图 3-11 所示。

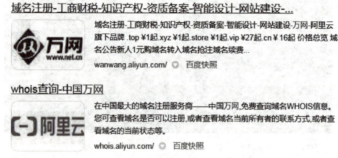

图 3-11　万网官网链接

（三）查询域名

在注册商网站点击查询域名，选择您要注册的域名，并点击域名注册查询。比如输入"ibodao"，如图 3-12 所示。

图 3-12　输入注册的域名

（四）正式申请

查到想要注册的域名，并且确认域名为可申请的状态后，提交注册，并缴纳年费。域名注册信息如图 3-13 所示。

（五）申请成功

域名正式申请成功后，域名申请者即可进行域名备案、DNS 解析管理、设置解析记录等操作。域名申请成功后的网站主页如图 3-14 所示。

图 3-13 域名注册信息

图 3-14 域名申请成功后的网站主页

SEO 技术参数介绍

活动评价

经过思考，王乐乐团队知道了一个好的网站需要有一个好的域名与之相匹配，这样才能让搜索引擎更好地检索到网站，达到网站优化的目的。

⟲ 合作实训

　　六名同学为一组，组内成员三人一组互相协助，模拟到万网上注册一个域名，并说明申请这个域名的理由，截图提交到作业平台。老师对表现优异的小组给予过程学分，并适当鼓励。

任务二　竞价排名初实战

活动一　认识各大搜索引擎竞价广告

　　王乐乐团队在网上搜索了相关资料后，对搜索引擎推广有了比较全面的认识。但是，他们又有了新的困惑：搜索引擎是免费的还是收费的呢？如果收费，它们是如何收费的？有没有一定的规则？

👤 活动实施

一、搜索引擎竞价广告的含义

　　搜索引擎竞价广告是一种由用户自主投放、自主管理，按照广告效果付费的新型网络广告形式。企业只需要少量的投入，搜索引擎竞价广告就可为企业带来大量的潜在客户，直接提升企业业绩。此外，搜索引擎竞价广告的计费、管理方式非常灵活，可以使企业随时控制广告的投放，用预算内的费用获得最大回报。

　　搜索引擎竞价广告可分为手动竞价和自动竞价。手动竞价由用户自己设定点击价格，自动竞价由用户设定价格上限，系统将在价格上限之内自动调整点击价格，保证排名。

二、搜索引擎竞价广告的优势

　　（1）投放时机佳：看到广告的正是需要购买的用户。

　　（2）展示面广：能接触到全世界约80％的互联网用户。

　　（3）费用低，投资少：企业只需要按照访问次数付费即可，可利用数据跟踪投资回报率。

　　（4）灵活性强：满足多个目标，几乎可以即时更改广告系列。

三、常见的竞价广告

（一）百度竞价广告

百度竞价广告依托百度搜索技术为广告主提供搜索排名服务。

（二）360 竞价广告

360 竞价广告依托 360 搜索技术为各类广告主提供搜索排名服务，其搜索推广基于 360 搜索平台，通过 360 特有的匹配技术，对网民的搜索词进行匹配，定位目标用户，从而精确展示企业的推广信息。

（三）搜狗竞价广告

搜狗竞价广告是依托搜狐浏览器强大的推广优势来完成宣传的一种广告。利用搜狗竞价广告开展推广活动，既可以深度挖掘出市场潜在的需求客户，又可以帮助广告主达到预期的推广目的。搜狗竞价广告推广有一定的返点，且返点常年稳定，推广时间越长，消费越高，广告主得到的返点就越多。

（四）腾讯竞价广告

腾讯竞价广告是一种依托腾讯公司的竞价推广平台，由用户自主投放内容到腾讯竞价平台，对投放的内容进行自主管理，按照广告效果付费的网络广告展示形式。腾讯竞价广告根据投放规则和投放位置可分为搜索引擎广告和内容相关广告。

🎯 活动评价

经过思考及学习，王乐乐团队了解了各大搜索引擎竞价广告既具有共性，又有差异。同时，团队协作让团队成员更加轻松地掌握了相关知识。

活动二　解析竞价推广排名原理

王乐乐团队在网上搜索了相关资料后，对各大搜索引擎竞价广告有了详细的了解，但是，团队成员还有一些疑问：搜索引擎是如何通过竞价推广进行排名的？具体的原理是什么？为什么同样是开展竞价推广，有些企业广告排名在前，有些排名在后？王乐乐他们还需进一步对竞价推广排名原理进行深入了解。

👤 活动实施

一、竞价推广排名的含义

竞价推广排名就是企业在搜索引擎中进行推广时，在同一维度下搜索引擎对所有竞价推广的企业根据算法进行排名。比如某企业在百度投放关键词广告，先在百度后台出价，百度的搜索引擎会根据其投放的关键词质量度和关键词出价综合排名。

二、解析竞价推广排名原理

根据竞价推广广告的含义，影响竞价推广排名的主要因素包括关键词质量度和关键词出价。因此，企业要想获得更高的排名，就需要从关键词质量度和关键词出价入手。

（一）关键词质量度

关键词质量度是搜索引擎竞价推广中衡量推广结果质量的综合性指标，相当于系统依据各种数据指标给搜索推广的关键词创意打分。在搜索引擎推广账户中，每个关键词都会获得一个质量度得分，比如百度搜索引擎是以"五星＋数字分值"的形式呈现，每颗星代表2分，如显示四颗星，则表示质量度为8分。质量度得分越高，同等条件下赢得潜在用户关注与认可的可能性越高。

影响关键词质量度的因素主要有以下三个方面：

（1）点击率。点击率就是点击量与展现量的比例，较高的点击率表示用户对企业推广信息的关注和认可。点击率是直接影响关键词质量度的重要因素。

（2）创意相关性。创意相关性是指创意内容与关键词的相关性，也就是创意要围绕关键词撰写，从搜索词到关键词，再到创意，都要保持高度相关性。例如，网民的搜索词为"旅游线路"，说明网民关注的是有关旅游方面的线路推荐，所以要围绕"旅游线路"进行创意内容的表述，若是围绕"旅游酒店"撰写，那么创意相关性就比较低。

（3）目标页面相关性。目标页面相关性就是企业推广的访问页面内容和质量与关键词和创意的相关性。比如，网民的搜索词为"广东五日游线路推荐"，搜索后看到企业的创意中有相应的线路及价格信息，但点击进入网站后并没有看到任何旅游线路的信息，而是周边酒店的介绍，网民自然就会关闭页面，这种目标页面的相关性就比较差。

（二）关键词出价

关键词出价就是企业愿意为所购买的关键词给出的最高点击价格。点击价格的计算是以下一名的出价乘以下一名的质量度得分，即下一名的综合排名指数，除以本关键词质量度，再加上0.01元。具体公式是：

关键词推广点击价格＝（下一名的出价×下一名的质量度）÷本关键词质量度＋0.01

可以看出，竞价点击价格分为可控和不可控两个部分。可控部分是自己账户里的关键词质量得分；不可控部分是竞争对手的关键词价格及质量度。在竞争对手条件不变的情况下，店铺关键词质量度越高，需要付出的点击价格就越低。因此，不断优化质量度可以降低推广费用。

活动评价

经过思考及查阅资料，王乐乐团队清楚了竞价推广排名的原理，了解了竞价推广排名的影响因素，这为他们后期学习搜索引擎竞价实战技能提供了理论依据。

活动三　百度搜索引擎竞价实战

王乐乐团队在网上搜索了相关资料后，对搜索引擎推广有了比较全面的认识。他们想具体了解百度搜索引擎竞价工具。

活动实施

百度搜索引擎竞价是百度推广的一种模式，由百度公司推出。企业在购买该项服务后，通过注册提交一定数量的关键词，其推广信息就会率先出现在网民相应的搜索结果中。简单来说，就是当用户利用某一关键词进行检索，在检索结果页面会出现与该关键词相关的内容，而购买了竞价服务的企业的信息会出现在搜索结果页面的显著位置。如企业在百度注册提交"BGSEM"这个关键词，当消费者或网民寻找"BGSEM"的信息时，该企业就会优先被找到，百度按照实际点击量（潜在客户访问数）收费，具体收费标准由企业产品竞争的激烈程度决定。

百度营销的搜索推广业务是按照给企业带来的潜在客户的访问数量计费的，企业可以灵活控制网络推广投入，获得最大回报。一般来说，通过以下简单三步，就可为企业带来商业机会：

第一步：进入百度营销主页（www2.baidu.com/），注册百度营销账号（登录页面见图 3-15），并进行登录。

图 3-15　进入百度营销登录/注册页面

第二步：关键词新建与管理。在百度营销主页点击"搜索推广"后面的"进入"按钮，进入搜索推广便捷管理页面，如图 3-16 所示。点击"关键词"选项卡，进行新建关键词、关键词的管理等相关设置。

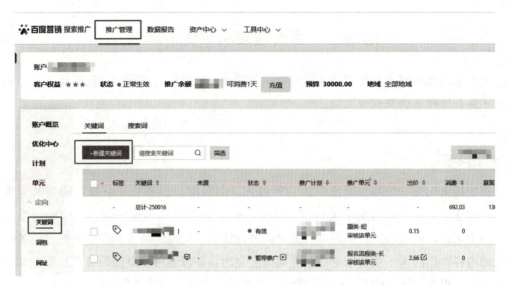

图 3-16　搜索推广便捷管理页面

第三步：在推广管理后台实施百度搜索引擎竞价推广操作，主要流程如下：建立推广计划→关键词推广部署→关键词创意撰写→关键词出价→效果监控与分析。

活动评价

经过思考及查阅资料，王乐乐团队知道了搜索引擎竞价推广的步骤，尤其是对百度搜索引擎竞价推广有了更加深刻的认识。

活动四　360搜索引擎竞价实战

王乐乐团队在网上搜索相关资料后，对百度搜索引擎推广有了比较清晰的认识，他们还想了解360搜索引擎竞价工具。

活动实施

一、360搜索引擎竞价优势

（1）点击价格低。目前360搜索引擎竞价的点击价格在1元左右，部分产品点击价格不到1元钱，还处于"蓝海"阶段。

（2）竞争对手少。目前购买360搜索引擎竞价服务的企业还不是很多，相对来说竞争不是很激烈。

（3）转化率高。因为目前知道360搜索引擎竞价的人较少，所以转化率比百度的要高很多，自动下单的也很多，平均30个IP能转化一单。

（4）上手容易。360搜索引擎竞价的设置没有百度搜索引擎竞价的设置那么烦琐，而且关键词也简单。

（5）优化容易。360 搜索引擎竞价的优化比较容易，因为设置简单，所以优化的步骤也比较简单，当然 360 搜索引擎竞价优化的内容也不是很多，主要优化点击率和转化率等数据。

二、实施步骤

（1）进入 360 搜索引擎竞价推广网站（http：//e.360.cn/）。选择首页左侧导航栏中"营销工具"下的"搜索广告"（见图 3-17），进入搜索推广界面。

图 3-17　进入 360 搜索引擎竞价推广页面

（2）实施 360 搜索引擎竞价推广操作的流程如图 3-18 所示，分别是：开通账户→创意制作→投放管理→效果评估→持续优化。

图 3-18　360 搜索引擎竞价推广操作流程

（3）进行后续跟踪与优化管理，实现优化的目的。

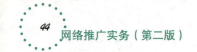

 **活动评价**

　　经过思考及查阅资料，王乐乐团队知道了 360 搜索引擎竞价推广的优势及实施步骤，他们受益匪浅。

活动五　搜索引擎地图推广

　　王乐乐团队在网上搜索相关资料后，对搜索引擎推广的概念和工具有了比较清晰的认识。但是，他们又有了新的问题：i 博导互联网教学平台的访问量虽然有所改善，但若想让访问量有更大的提高，该如何做呢？

活动实施

一、地图及地图推广

　　地图是人们日常生活中经常会用到的一种工具，进入互联网时代之后，地图的应用更加方便，通过手机、计算机等就能轻松查阅。目前主要的地图应用有百度地图、高德地图、360 地图、谷歌地图等，这些地图方便了人们的生活，也成了企业进行网络营销的工具。目前使用最广、与搜索引擎联系最大的就是百度地图。那么如何和百度地图方面开展合作，百度地图推广又该怎么做呢？

　　百度地图推出了商户入驻功能，通过提交申请就可以在百度地图上入驻商户。平台提供了地点标注、地点信息管理、地点装饰、店铺公告、评价管理、店铺动态等营销活动管理功能。这不仅有利于顾客找到商家店铺，而且优质的商铺和服务会在潜在顾客搜索附近服务时优先被推荐，这也是很好的宣传手段。如果品牌的商户负责人想要进行地图的品牌认证，可以直接进行品牌连锁类别的商户入驻，进行相关信息的填写和提交，入驻更加便捷高效。

二、操作步骤

　　（1）打开百度主页（见图 3-19），点击左上角的"地图"链接进入百度地图。

新闻　hao123　地图　贴吧　视频　图片　网盘　更多

图 3-19　百度主页

（2）点击下方的"品牌/商户认领"，登录百度账号。

（3）点击"商户入驻"，在商户图标下点击"点击入驻"，弹出操作方法提示框，如图 3-20 所示。如果是品牌连锁，则直接填写入驻信息即可。

图 3-20　APP 入驻商户操作方法

（4）在手机 APP 上进行商户入驻登记。这一步需要在实际地点现场拍照，再进行身份认证与资质认证，之后点击"提交"即可完成百度地图商户入驻，如图 3-21 所示。

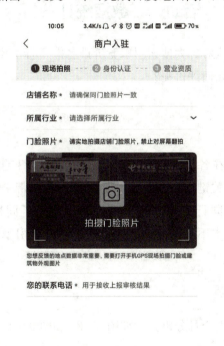

图 3-21　在百度地图 APP 进行商户入驻

活动评价

王乐乐他们终于知道如何利用百度搜索引擎的地图功能开展推广了，于是他们迫不及待地想要试一试。

合作实训

两人一组，每组通过自己的办法或者利用校企合作的机会请学校或者老师帮助寻找一些企业，用所学的知识帮企业开展百度地图搜索引擎推广，成功后自己在地图上搜索企业，以验证推广效果。

任务三 搜索引擎推广效果分析

活动一 数据统计分析

通过学习，王乐乐团队对各大搜索引擎竞价排名推广有了比较清晰的认识。但是，搜索引擎推广的效果究竟应如何评价呢？

活动实施

目前，搜索引擎推广在各个同行企业网站之间的竞争日趋激烈，网站通过在百度和谷歌等搜索引擎投放竞价关键词广告，源源不断地为网站带来新的流量，进而达到扩大营销和销售的作用。由于同行企业或竞争对手通常使用了同样的或者相近的竞价关键词，导致关键词竞价的成本不断提高，因此，需要对搜索引擎的推广效果进行合理的分析和评价。

一、网站的流量分析

网站流量 1 天分析和 1 个月分析分别如图 3-22 和图 3-23 所示。

二、搜索人群分析

各个年龄段搜索人群分析如图 3-24 所示。

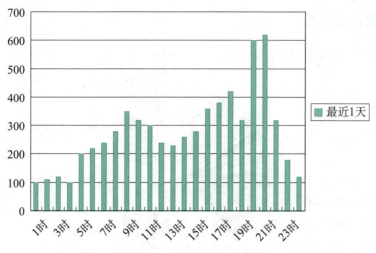

图 3－22 网站流量 1 天分析

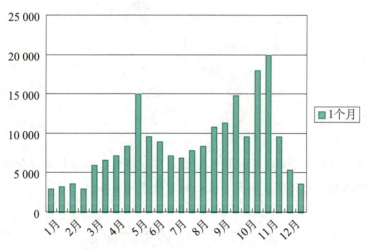

图 3－23 网站流量 1 个月分析

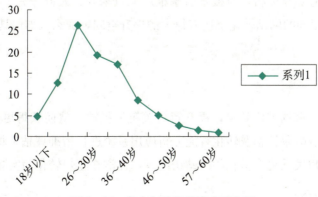

图 3－24 各个年龄段搜索人群分析

三、流量来源分析

流量来源分析如图 3 - 25 所示。

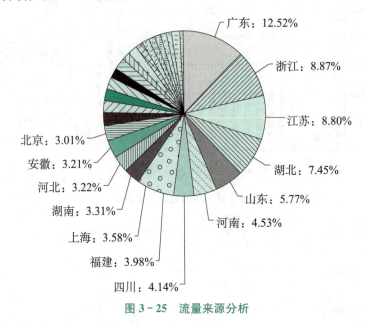

图 3 - 25　流量来源分析

活动评价

通过数据统计分析活动，王乐乐团队明白了可以通过数据分析来评价搜索引擎推广的效果。同时，团队协作让团队成员更加轻松地掌握了相关知识。

活动二　分析效果转化率

王乐乐团队通过数据分析，对搜索引擎推广流量来源、人群等有了比较清晰的认识。但是，领导认为 i 博导的网站转化率还有很大的提升空间，那么该如何具体操作呢？

活动实施

若要提升搜索引擎的推广效果，提升竞价关键词投放，从而获得更高的投资回报率，需要一套关键词投放效果评估及转化智能分析应用系统进行精准评估，将更多精力用于网站运营策略制定，以发展更多潜在的网站访问者，让潜在客户转化为实际客户。

一、精选关键词

系统能够对竞争对手网站及行业内相关网站关键词进行全面监控分析，根据关键词广告投放客户的预算情况，给出性价比高及与关键词营销分类最贴切的关键字，如图 3 - 26

所示。

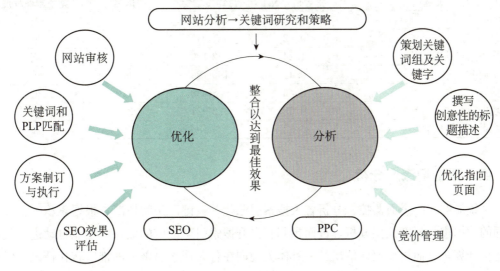

图 3-26 系统对网站进行全面分析

二、制定推广策略

系统可以帮助我们制定高效的搜索引擎推广及转化评估分析策略，统计各大搜索引擎对于访问者、销售机会、顾客喜好、订单转化及销售数据等多维度推广效果转化情况的评估分析。系统制定各种推广策略的步骤如图 3-27 所示。

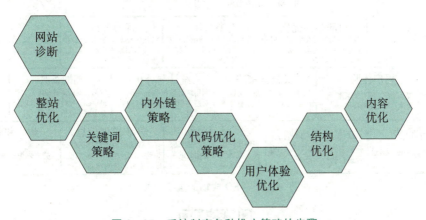

图 3-27 系统制定各种推广策略的步骤

三、关键词匹配监测

系统能够对搜索引擎的匹配关键词进行全面监测，从而分析出匹配关键词的推广效果，并采取相应措施，有效降低匹配关键词的点击单价。系统自动监测分析广告主的关键词投放及转化情况，提示广告主删除关键词组合中相关性较差的关键词并推荐性价比较高的关键词。系统将广告关键词进行排名情况如表 3-2 所示。

表 3-2　系统将广告关键词进行排名情况

关键词	指导价（元）	月均搜索量	排名	竞争激烈程度
i 博导	0.35	150 758	1	低
i 博导下载	0.92	1 945	2	低
数据采集与处理	1.24	2 180	4	高
电子商务	0.42	160 180	11	中
爱博导	0.46	8 058	21	低
跨境电商	0.58	222 921	22	高
电商运营工作内容	0.32	4 590	29	高

四、关键词深度分析

系统能够实时全面监控、分析各大搜索引擎相关关键词访问情况，根据累积的相关关键词的数据进行深度挖掘分析，进而预测和提升搜索引擎推广的效果，还能自动进行关键词竞价计算，进而精准地评估出某一具体关键词在各大搜索引擎上的推广转化情况，保证对各大搜索引擎的访问流量进行有效的管理和充分利用，提升搜索引擎推广的质量及性价比。图 3-28 所示为 SEO 成功的金字塔模型。

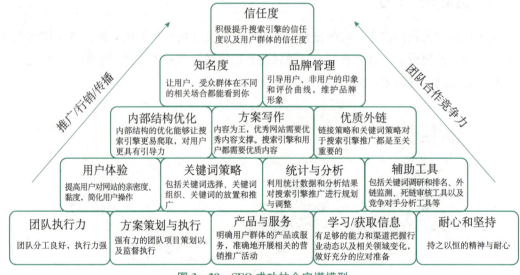

图 3-28　SEO 成功的金字塔模型

搜索引擎推广复盘分析

活动评价

经过学习和思考，王乐乐团队知道了网站使用搜索引擎推广一定要优化，要选择适合自己的方法才能取胜。同时，团队协作让团队成员更加轻松地掌握了相关知识。

⊙ 合作实训

　　六名同学为一组，组内成员三人一组互相监督，对效果转化率知识进行梳理。老师给每个小组一项任务：每个小组自己选一个行业的网站，分析效果转化率、优势及不足，并以小组为单位，将结果以PPT形式展示，老师对表现优异的小组给予过程学分，并适当鼓励。

🖳 法治护航

　　国家互联网信息办公室制定并发布了《互联网信息搜索服务管理规定》（以下简称《规定》）。《规定》共13条，分别从立法理由和依据、管理对象和性质、监管主体、法定义务、打击非法网络公关、付费搜索规范、用户权益保护等方面作出了科学和全面的规定。《规定》的出台，既是对我国互联网搜索服务领域发展实践规律性和经验性成果的总结，也是对广大网民合法权益保护呼声的回应；既极大维护了我国互联网生态圈法治发展的秩序，也是保护公共利益的知情权与传播法治的利器。《规定》为我国互联网产业健康有序发展奠定制度基础，为广大网民的知情权提供权益保障。

　　搜索引擎在对网上信息进行整合、方便用户查阅方面发挥了重要作用，但同时也存在不少问题。部分搜索结果含有谣言、色情、暴力、凶杀、恐怖等违法信息；部分搜索结果有失客观公正，违反行业道德和规范，误导和影响公众判断。这些问题破坏了网络生态，扰乱了互联网信息传播秩序，侵害了公众利益，广大网民深恶痛绝，呼吁尽快出台信息搜索服务的有关管理规定。

　　《规定》明确，国家互联网信息办公室负责全国互联网信息搜索服务的监督管理执法工作，地方互联网信息办公室依据职责负责本行政区域内互联网信息搜索服务的监督管理执法工作。

　　《规定》要求，互联网信息搜索服务提供者应当落实主体责任，建立健全信息审核、公共信息实时巡查等信息安全管理制度，不得以链接、摘要、联想词等形式提供含有法律法规禁止的信息内容；提供付费搜索信息服务应当依法查验客户有关资质，明确付费搜索信息页面比例上限，醒目区分自然搜索结果与付费搜索信息，对付费搜索信息逐条加注显著标识；不得通过断开相关链接等手段牟取不正当利益。

　　党的二十大报告指出，我们要健全网络综合治理体系，推动形成良好网络生态。作为移动应用开发的商家，更要为构建良好网络生态做出努力，在日常业务开发时一定要遵守《网络安全法》《个人信息保护法》《电子商务法》等一系列法律法规，尊重用户，保护用户数据与隐私，不要让一些不法分子借助APP谋取非法利益，从而损害使用者的利益，也让企业蒙受损失。

项目总结

本项目主要介绍了搜索引擎推广的概念、工具、方法及实施策略，具体包括以下内容：

（1）SEO 基础知识和工具、搜索引擎排名权重因素。

（2）网站诊断。

（3）网站结构与页面优化。

（4）外部链接的建设。

（5）域名的申请及使用。

（6）认识各大搜索引擎竞价广告。

（7）百度搜索引擎竞价实战。

（8）360 搜索引擎竞价实战。

（9）搜索引擎地图推广。

（10）通过分析评价搜索引擎推广效果。

上述理论知识和实践操作与后面的项目所涉及的知识和实训内容具有一定的相关性。本项目除了介绍搜索引擎推广的基本理论知识和实际操作技能外，还提到了网络搜索引擎推广中的团队协作精神、认真负责的态度，这些素质是电商从业人员所必需的职业素养。

项目检测

一、单选题

1. 下列选项中，不需要进行网站搜索引擎优化的是（　　　）。

A. 网页没有标题

B. 标题中包含有效的关键词

C. 网站导航系统让搜索引擎"看不懂"

D. 大量动态网页影响搜索引擎检索

2. 下列关于搜索引擎竞价广告的说法，正确的是（　　　）。

A. 可以由用户自主投放、自主管理

B. 按照成交量付费

C. 企业无法自行控制广告的投放

D. 用户不能自己设定点击价格

3. 下列关于企业网站外部链接建设的说法，不正确的是（　　　）。

A. 企业可以通过长时间经营微博来提高微博的权重

B. 企业的外部链接数量越多越好

C. 企业可以有规律地在微博中创建自身网站的外部关键词链接

D. 企业可以自行创建外部链接

4. 下列选项中，不属于搜索引擎竞价广告优势的是（　　）。

A. 投放时机佳　　　　　　　　B. 展示面广

C. 稳定性高　　　　　　　　　D. 费用低，投资少

5. 下列关于搜索引擎竞价广告的说法，正确的是（　　）。

A. 搜索引擎竞价广告只可以选择自动竞价

B. 搜索引擎竞价广告投入高

C. 自动竞价由系统自动设定价格上限

D. 搜索引擎竞价广告可以为企业带来大量潜在客户

二、多选题

1. 搜索引擎优化包括站内优化和站外优化，下列属于站内优化的是（　　）。

A. 网站结构调整　　　　　　　B. 网站内容建设

C. 媒介平台优化　　　　　　　D. 网站代码优化

2. 下列属于 SEO 工具的是（　　）。

A. Alexa　　　　　　　　　　B. NNT 流量

C. Google PageRank　　　　　D. 站长工具

3. 下列属于搜索引擎排名权重影响因素的是（　　）。

A. 网站或网页核心关键词在搜索引擎的排名

B. 网站链接质量及数量

C. 域名性质

D. 网站的诚信度

4. 下列选项中，属于快速 SEO 诊断的是（　　）。

A. 诊断网站速度　　　　　　　B. 分析网页路径

C. 诊断网站标题　　　　　　　D. 分析网站链接路径的唯一性

5. 下列选项中，属于站外推广内容的是（　　）。

A. 关键词策略

B. 外链引导搜索引擎蜘蛛爬取

C. 内容策略

D. 高权重外链提升站点权重

三、判断题

1. SEO 最基本的是文章 SEO 和图片 SEO。（　　）

2. 网站权重决定了网站排名。（　　）

3. 搜索引擎竞价广告是一种由用户自主投放、自主管理，并且免费的新型网络广告形式。（　　）

4. 系统能够对搜索引擎的匹配关键词进行全面监测。（　　）

5. 系统不能自动进行关键词竞价计算。（　　）

四、操作题

小溪和朋友合伙加盟了一家奶茶店，店名为"茶觉有你"，位于芳菲路 18 号。新店开业之后，为了方便顾客找到自己的店铺，提高店内产品销量，小溪决定和百度地图合作，利用百度地图提供的商户入驻功能，申请入驻商户。请你根据所学知识，帮助小溪完成百度地图的商户入驻操作流程。

情境引入

川美食品有限公司是一家主营四川土特产的电商公司，是由几个志同道合的朋友共同创办的。伴随着电子商务的蓬勃发展，公司销售额连连飙升，他们也赚到了人生中的第一桶金。正当几个年轻人憧憬美好未来的时候，公司网站的日访问量和月订单量却开始有了不同程度的下降。

公司主要创始人之一陈刚负责产品的网络推广工作，他一直在苦苦寻找问题所在，却未找到原因。为此，他专门召集公司几个特别喜欢网购的同事开了一次座谈会，向他们了解在网购的过程中有什么新的形式和内容可以吸引他们最终下单。公司的前台邓小雯是个网购达人，她最先发言："平时上班都很累了，回到家网购的时候，懒得开电脑，就用手机购物，方便又快捷。"人事部的王馨听到这儿，接着说："是啊，有时候用手机购物在价格上还便宜一些。"就这样，大家你一言我一语地讨论了起来。在一旁的陈刚问身边的助理李娜在手机上能不能买到公司的产品，得到了否定的答案。联想到"双十一"天猫在移动端取得的成绩，陈刚意识到了移动网站推广在网络营销中的重要作用，于是他召集市场部召开紧急会议……

项目目标

知识目标

➢ 了解移动网站推广的途径。

➢ 学习移动网站推广的规则与方法。

技能目标

➢ 会使用移动搜索网站进行网络营销。

➢ 会使用 APP 进行网络营销。

➢ 掌握社群网站营销的方法。

➢ 掌握利用 LBS 进行网络营销的方法。

➢ 掌握利用 WiFi 进行网络营销的方法。

➢ 培养网络营销的创新意识。

➢ 培养营销团队的合作意识。

素养目标

➢ 了解违规的移动应用，明确《网络安全法》《个人信息保护法》的相关规定，从而能够在移动网站推广工作中做到合规合法。

任务一　移动搜索网站推广

▶ **任务描述**

产品专员何巧和广告专员李静认为，移动搜索网站推广与 PC 端网站搜索推广的原理基本一致，只有部分规则不同，有了前期 PC 端网站推广的经验，不难开展移动搜索推广。因此，两人制订了推广计划。首先需要对典型的移动搜索网站进行调研，找出其中的规律，然后再开展优化和推广。她们按照各自职位特点进行了分工，何巧负责内部优化，李静负责外部推广。

移动搜索网站推广概括起来就是：移动搜索网站调研、移动端网站内部优化、移动端网站外部搜索推广。

活动一　典型的移动搜索网站调研

活动实施

一、了解移动搜索

所谓移动搜索，就是利用移动设备在互联网上进行搜索，获取相关信息和资源的行为。近年来，移动设备无论是硬件技术还是软件技术，都有了非常迅猛的发展。伴随着信息技术的发展，移动设备的普及性和便捷性不断提高，越来越多的人改变了信息搜索的习惯，从 PC 端逐渐向移动端倾斜。2012—2018 年我国移动端购物市场交易规模如图 4-1 所示。

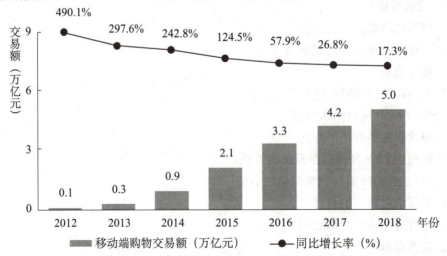

图 4-1　2012—2018 年我国移动端购物市场交易规模

资料来源：综合企业财报及专家访谈，根据艾瑞统计模型核算。

二、典型的移动搜索网站

目前各种移动搜索 APP 数不胜数，随便打开一个应用市场，输入"搜索"一词，便会有几十个甚至上百个搜索 APP。其中比较有代表性的搜索引擎有手机百度、搜狗搜索、360 搜索等，这些搜索 APP 的原理大同小异，只是在功能、排列规则和信息源的数量上有所区别。这三款典型的移动搜索 APP 界面如图 4 - 2 所示。

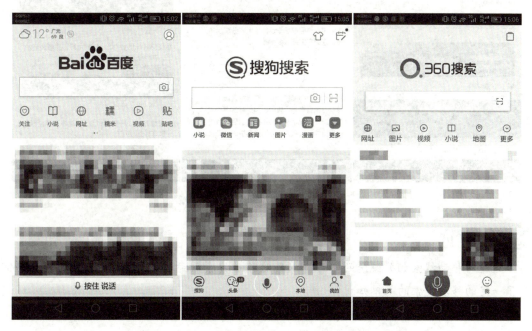

图 4 - 2　手机百度、搜狗搜索、360 搜索 APP 界面

通过对比可以看出，目前的移动搜索 APP 都带有智能搜索、语音搜索、图片搜索、二维码搜索等基本功能，配以轻应用、新闻推送、本地服务等其他功能。

三、百度搜索推广体验

如何利用这些移动搜索 APP 进行网络推广呢？首先要熟悉这类 APP 的使用，寻找能为我们所用的模块，进而开展推广工作。我们以手机百度为例，进行网络推广的体验。

第一种方式是通过百度推送的各类文章进行网络推广。这种类型的推广需要有自媒体平台，累积一定数量和质量的文章，通过优化手段让这些文章能够被百度平台推荐。被推荐到百度首页的文章如图 4 - 3 所示。

第二种方式是直接在搜索栏中被搜索到。这些被搜索到的内容可以是图片，也可以是文字，有些移动搜索 APP 还支持二维码搜索。想要利用这种方式被搜索到，就需要一定的优化方法，我们在下面的活动中会学习到。

图 4 - 3　被推荐到百度首页的文章

🎯 活动评价

通过对移动搜索相关概念的学习，以及对移动搜索网站 APP 的体验，何巧和李静掌握了一定的移动搜索的基础知识。

活动二　移动端网站内部优化

👤 活动实施

一、了解移动搜索网站搜索规则

移动端搜索与 PC 端搜索的原理从根本上讲并无太大的区别，然而移动端却并不是 PC 端的简单移植，二者在操作方式、网络环境、传感器、使用场景等方面都有很大区别。我们在对 PC 端网站进行优化后，仍要对移动端网站进行优化，二者的搜索排列在一定程度上是相对独立的。因此，我们首先要了解移动搜索网站的搜索流程，再进行移动站点的优化。

移动搜索网站搜索的流程同样包含了抓取、排序和展现三个步骤。

同 PC 端搜索类似，移动搜索网站同样是通过抓取程序来抓取移动网页的，比如百度是通过 Baidu spider 来进行网页抓取的，如图 4 - 4 所示。

百度一下，你就知道！

图 4 - 4　百度 spider

在抓取方面，移动抓取程序抓取的只有文本格式内容，以及简单的图片和 flash 等，对复杂的 JavaScript 内容并不能识别。

在排序方面，移动搜索的结果一般由移动页面、转码页面和 PC 页面构成，并按照移动页面优先于转码页面、转码页面优先于 PC 页面的顺序排列。这也是要对移动端进行优化的原因。

在展现方面，移动搜索受界面大小的限制，移动网站在内容编写和排版方面要更符合移动设备的特点，这样才能更好地将搜索出的结果呈现给用户。

二、移动端网站内部优化方法

移动端网站内部优化方法与 PC 端大同小异，基本包括下面几种方式。

（一）确定关键词

关键词选取数量须适中，不能过多或过少，一般为 5 个左右。针对这些关键词再进行文本的密度、相关度等优化，以便让搜索引擎更容易抓取到网页。

（二）网页标题设置

网页标题是指包含在标题标签中的文字。对于标题的优化除了要体现网页的核心内容之外，更要注重采用通用性和非泛化的词语，这样才更容易被搜索到。

（三）使用动静结合的网页

使用 html 的静态网页与带有稳定链接的网页相结合，能够提升被搜索的概率。尽量避免使用 flash、图片、复杂的 JavaScript 等内容，以免无法收录。

（四）网页内链优化

设置合理的站内链接主要是建立方便、直接、全面的站内导航链接，让每一页都能够有逻辑地连接起来，并进行相应的归类，从而使网站获得各种搜索引擎的认可，起到优化作用。

（五）内容原创

做内容时，应从用户的角度出发，提供用户需要的原创内容，整合系列服务。同时，要保持一定频率的内容更新。

何巧通过查询资料和自我学习，掌握了移动搜索网站内部推广的操作方式，结合自己公司网站和产品的特点，有效地进行了移动网站内部的优化，达到了优化的目的。

活动三　移动端网站外部搜索推广

👷 活动实施

移动端网站推广人员除了自己对移动网站内部进行优化外，还要及时开展外部推广工作。当网页制作完成后，不能等着浏览者从天而降，必须要迅速开展推广工作。

一、了解搜索竞价排名

竞价排名是搜索引擎关键词广告的一种形式，是按照付费的高低，对购买同一关键词的网站进行排名的方式。

竞价排名有以下竞价方式：

（1）第一价格竞价方式。顾名思义，它是指针对同一个关键词，不同的出价者中报价高者会排在最前面，其他出价者按照出价排名依次排列。

（2）第二价格竞价方式。原理同第一价格竞价方式相似，只是付费方式不同。出价最高者按照第二高出价者的出价支付费用。由于这种方式的出价不会影响自己的利益，所以不会出现频繁调价的情况。

（3）VCG（维克瑞—克拉克—葛洛夫斯）竞价方式。这种竞价方式是通过计算一个广告商参加竞价给别的广告商带来的损失之和来定价。

二、外部搜索推广的方法

（一）付费搜索引擎网站

我们可以直接采用付费的方式进行搜索引擎推广，以提升排名，增加流量。典型的搜索引擎有百度搜索引擎、搜狗搜索引擎等。不同的搜索引擎网站，其收费方式和标准也不同。

（二）外链优化

网站被外部高质量的网站链接是搜索引擎优化中唯一不能取决于网站自身的因素。在同等条件下，链接广度高的网站的排名会更靠前。提升链接广度的方法之一是利用网站交换链接来实现。

要使交换链接变得更简易，就需要在交换链接页面放置交换链接代码，并将联系方式放在明显的位置，方便伙伴间的交换。

✦ 活动评价

　　李静通过自学，弄清楚了移动网站外部优化的方法，并找了几家搜索引擎公司的推广负责人为自己的公司开展了移动端外部搜索引擎推广，收到了不错的效果。

⟳ 合作实训

　　六名同学一组，利用本次任务所学内容，为川美食品有限公司的新产品——广元青川野生黑木耳开展移动网站搜索引擎优化和推广，形成一套完整的推广方案，从站内和站外两个角度设计。

任务二　　APP 推广

▶ 任务描述

　　杨洋和何巧、李静三个人领到了新任务——利用 APP 推广。在讨论的时候，杨洋一口气抛出了好几个问题："你们每天都在用 APP，你们知道什么是 APP 吗？哪些 APP 适合我们去做推广？找到合适的 APP 后我们如何开展推广工作？"何巧和李静被问得不知道该怎么回答。于是，他们首先一起查询了 APP 的相关概念，了解了什么是 APP，之后开始研究 APP 推广的方法和技巧，结合公司的实际情况开始制订推广方案。

活动一　了解 APP 及 APP 推广相关概念

👤 活动实施

一、什么是 APP

　　APP 是英文 application 的简写，通常是指 iPhone、安卓等手机的应用程序，现在的 APP 多指智能手机的第三方应用程序。

　　APP 是基于不同平台单独开发的，不同系统间的 APP 不能兼容。目前比较常见的 APP 平台有基于苹果 iOS 系统的 APP Store（见图 4 - 5）、安卓的 Google Play Store、华为鸿蒙系统的应用市场、诺基亚的 Ovi Store 和黑莓的 BlackBerry APP World 等。随着安卓智能手机的普及，安卓 APP 商店越来越多，比如华为应用市场（见图 4 - 6）、360 手机助手、豌豆荚等。

图 4-5　苹果应用市场

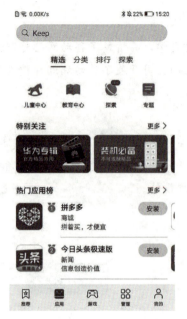

图 4-6　华为应用市场

二、什么是 APP 推广

APP 推广与利用 APP 推广是两个不同的概念。APP 推广是一套以 APP 推广为最终目标，以用户忠诚度为导向的理论及实操模式。换句话说，APP 推广的最终目的是将自己经营的 APP 推广给客户，并让客户持续使用。利用 APP 推广是指利用 APP 这一工具，最终达到推广品牌和产品的目的。

利用 APP 推广具有以下特点。

（一）投入成本低

利用 APP 推广是基于手机第三方应用，将广告嵌入 APP 中的一种模式。在选择投放广告合作商时，因为 APP 经营者数量庞大，有大量可选择的合作对象，所以市场竞争相对较小。此外，因为嵌入图片、文字、链接等技术的成熟，成本较低，与传统传媒相比，利用 APP 做推广在价格上要低很多。

（二）营销对象精准

在选择 APP 经营者进行广告投放时，可以根据自己的产品类型和用户定位进行选择。如想要推广运动品牌产品时，一般会选择体育节目直播 APP、体育专题网站 APP 或其他相关的 APP，因为使用这些 APP 的用户是运动品牌产品的潜在客户，在这类 APP 上嵌入广告，可以事半功倍。

（三）用户黏性高

APP 的用户群体比较固定，智能手机使用者一般都有使用基本固定的几款 APP 的习惯，一旦用户接受了广告中的产品和购买渠道，就会习惯性地通过 APP 进行商品选择，因此，用户黏性较高。

（四）品牌塑造效果好

在一些影响力较大的 APP 上投放产品广告，能够逐渐提高用户信任度，提升产品影响力，增强产品竞争力，塑造良好的品牌形象。

三、利用 APP 推广的模式

利用 APP 推广有三种模式：嵌入广告模式、自营 APP 推广模式和联合营销模式。

（一）嵌入广告模式

这种模式是 APP 推广最常见、最基本的模式，即将图片、文字、视频等带有链接的营销广告嵌入各类 APP 中，客户点击后可以直接链接到产品的介绍或购买页面。比如很多手机游戏 APP 在进入游戏前会首先弹出广告。但是，这种强制性营销方式易引起客户的反感情绪，转化率并不高。

（二）自营 APP 推广模式

这种模式是指由广告投放者自行设计、运营并推广 APP 应用，将产品或服务融入该 APP 中，培养自己的 APP 用户，以提升品牌知名度。如星巴克在我国推出了"早安闹钟"，用户可设定起床闹铃（最晚为上午 9 点），闹钟响起后一小时内，走进任意一家星巴克门店，就能在购买正价咖啡的同时，享受早餐新品半价的优惠。这种模式一定要注重实用性，注重培养客户的使用习惯，因为该模式一般投入较高，一旦经营不好，会造成投资浪费。

（三）联合营销模式

这种模式是指广告投放者直接与 APP 平台经营者进行合作，将自己的产品或服务入驻平台的某一模块下，形成商品或服务页面，平台经营者负责营销和推广，广告投放者支付平台服务费用并为消费者提供终端服务，以此达到推广目的。

🎯 活动评价

杨洋等三人经过查询和交流后，对利用 APP 营销推广的优劣势进行了分析，也讨论汇总了利用 APP 推广的几种模式，认为这些推广方法可以做，也必须做，于是他们便开始结合自己的产品特点开展推广工作。

活动二　利用 APP 推广的实施

👤 活动实施

利用 APP 推广属于网络推广的一种，它基本分为以下五个步骤。

一、确定推广目标

在正式开始利用 APP 推广之前，要确定各个阶段推广的目标，并根据目标来制订可行的推广计划，包括推广内容、预算、监督机制和评估机制等。

二、推广模式选择

根据要推广的产品及预算，结合不同阶段的目标来选择合适的推广模式。

三、平台选择

如果确定选择嵌入广告模式或联合营销模式，就要根据实际需求进行平台选择，在 APP 应用数量如此庞大的时代，选择其中一款或几款效果最好的进行广告推广特别重要。选择时要考虑的因素有很多，如 APP 的经营范围、知名度、转化率、广告价格等，都会直接影响推广效果。如果是自建平台，还需要为自建平台 APP 设计推广计划，并不断对自己的网站或网页进行设计和优化。

四、广告制作与投放

搭建推广的架构，结合产品和推广目标，选择合适的素材，进行广告的文案、图片、关键词等设计。值得一提的是，PC 端的广告一般不能直接搬到移动 APP 端应用，因为两者的显示终端不同，会导致图片、字体、视频等信息显示错误或播放失败。即便同样是移动终端的手机和平板电脑，都会有不同的图片尺寸和播放器方面的要求。因此，在广告制作好以后，针对不同的终端进行投放时，要注意验证效果，否则会影响推广效果。

五、效果评估

投放广告后，要及时进行推广效果的跟踪和评估，以便进行持续的优化调整，从而实现推广效果的最优化。

APP 推广流程与技巧

活动评价

杨洋他们按照总结出的步骤开展了利用 APP 推广的工作。在实际操作中，他们遇到了一些小困难，但是因为工作计划制订得合理得当，团队成员互相监督、严格执行，最终收到了不错的效果，为公司树立了良好的品牌形象，也带来了可观的收益。

合作实训

以小组为单位，选择当地一种土特产为推广对象，利用 APP 开展推广工作。

（1）制订完整的利用 APP 推广的方案。

（2）选择合适的推广模式进行推广，并阐明依据。

（3）进行手机 APP 端广告设计。

任务三　移动社群推广

▶ 任务描述

杨洋对移动社群推广做了些了解，他跟两位同事说：“现在移动电商的发展越来越快，我们之前也是尝到了甜头的，这得益于移动互联网时代消费者群体获取信息方式呈碎片化的特点，加上传统电商的诚信危机日趋严重，越来越多的人会转向注重品牌口碑、个性化、价值同一化的社群推广模式。”李静说：“似懂非懂，你就跟我们说该怎样开展工作吧，我们全力配合你！”杨洋笑了笑，说：“我觉得我们还是先从认识移动社群推广和常用工具开始吧，然后再选择合适的社群推广渠道实施。”于是三人开始对移动社群推广展开探索。

活动一　移动社群推广和常用工具认知

活动实施

一、移动社群推广相关概念

移动社群推广是以共同的兴趣、行业、价值观为导向形成内在的强关系，以微信、微博、自媒体等移动载体为工具，将客户进行社群化改造，充分激活沉淀客户，通过调动社群成员的活跃度和传播力，最终实现产品和服务变现的营销推广过程[①]。简单来说，就是通过社群工具将用户集合起来，满足用户的个性化产品需求，最终达到推广的目的。

对于企业而言，可以通过移动社群推广渠道的建设，让更多的用户随时随地地利用移动自媒体，在社交网络上形成集群效应，增强企业口碑营销影响力，从而实现产品和服务

---

① 移动社群电商是对传统电商的颠覆式创新．南方网，2016－09－20。

的转化。

　　互联网在我国的发展已掀起了三次高潮。第一次是以搜索引擎为主的人与信息连接浪潮；第二次是以购物平台网站为主的人与商品连接浪潮；第三次是基于服务的人与服务连接浪潮。基于移动社群交互的即时性，以共同的价值聚集并满足个性化的人与社群连接的需求将会是第四次浪潮。因此，企业为了搭上移动互联时代的列车，必须要开展移动社群推广。2015年起，海尔就开始实施"社群营销"战略，并逐渐形成一套家装定制化IP，率先整合了一批专业家装设计师，引导家装人群的消费选择，受到消费者和设计师的欢迎。业内人士认为，海尔立足传统产业创造的营销奇迹，正是其深耕用户需求，持续与终端用户进行精准交互的结果。

　　社群的构成有以下五个要素：

　　（1）共同的兴趣。这是组建社群的基础。如组建户外旅游社群，一个从来不喜欢也不关注旅游信息的人，即使强行将其拉入社群中也是没有意义的。

　　（2）合理的结构。社群中需要有优质的成员，以保证社群的活跃度、稳定性和说服力，并进行规范的管理，定期剔除社群中的不合规人员。

　　（3）持续的信息发布。吸引社群人员持续参与的最重要的因素，就是要保证社群有持续的内容输出。社群人员最关心什么，就要经常性地发布什么，包括产品信息、优惠信息、实时咨询、行业动态等，还要经常与社群内的人员进行沟通，了解客户的真实需求。

　　（4）稳定的运营。社群推广不同于普通的群管理，它是将社群作为营销的工具，这就要求管理者不仅要有管理能力，更要有运营能力，要有计划性地设计组织活动、更新和发布信息等。

　　（5）扩大社群。社群推广是病毒式营销的一种形式，需要不断地进行扩散，社群人数越多、范围越大，影响力才会越大，效果才会越好。

二、移动社群推广常用工具

　　移动社群推广常用的工具既包括腾讯QQ、UC、YY语音、阿里旺旺这类即时通信工具，又包括新浪微博、天涯论坛、微信朋友圈等信息交流分享平台，还包括斗鱼TV、淘宝直播、映客直播等直播平台。这些平台的共同特点是使用门槛低，可以当作自媒体营销工具，平台上集合了一定数量有共同意愿的人。

　　下面是几款常用的移动社群推广工具。

（一）微信

　　微信是腾讯公司2011年推出的免费即时通信应用程序，最初吸引人的地方是它可以仅用少量网络流量跨平台、跨系统免费发送语音短信、图片和文字等信息，同时带有可提供信息共享的朋友圈功能，吸引了大量的用户使用。

　　随着微信功能的逐步完善和丰富，目前微信已不再仅仅是一款聊天和信息共享工具，它演变成了部分人手中的营销工具。

移动社群营销正是利用了微信朋友圈、群功能和公众号等几大功能（见图 4-7）。一般情况下，企业会通过建立认证的订阅号或服务号吸引客户关注，并定期进行营销信息推送和客户关系维护。有的企业利用朋友圈和群功能吸引客户加入社群，随时随地为客户推送相关信息，实现推广的功能。

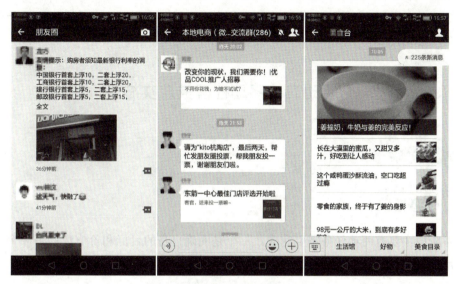

图 4-7　微信朋友圈、群功能、公众号

（二）新浪微博

新浪微博是新浪网于 2009 年推出的提供微型博客服务的社交网站，它可以通过网页、WAP 页面、手机客户端、短信、彩信发布消息或上传图片。用户可以将看到、听到和想到的事情，用一句话或一张图片，通过电脑或手机随时随地分享给朋友，一起讨论。随着智能手机和 WiFi 的普及，大部分使用者更加倾向于直接使用新浪微博手机客户端。

新浪微博的社群营销是通过其关注、转发、评论及"@"等功能实现的。企业注册官方认证的微博账号后，可以利用该微博组织活动或发布信息来聚集关注该公司和产品的人群，并以此进行病毒式营销，从而达到移动社群推广的目的。

（三）淘宝直播

淘宝直播是阿里巴巴推出的一款手机淘宝直播平台，该平台直接定位于"消费类直播"，让用户可以一边看真人直播展示商品，一边选择购买商品。根据淘宝客户的不同需求，直播推广的产品涵盖服装、美妆、美食等很多方面，主要客户是女性群体，占比 80%左右。

从大范围角度看，淘宝直播平台就是一款聚集购物群体的移动社群推广平台；从小范围角度看，淘宝直播平台按品类进行分类，将有不同购物需求的人群分别聚集在一起，从而进行更加精准的推广直播。淘宝直播平台自 2016 年上线以来，其推广取得了非常好的效果。

从企业角度看，企业可以自己培养直播播客进行推广，也可以直接找网络红人代理推广。当然，这两种方式各有利弊，企业可以从实际情况出发，选择合适的方式。

🎯 活动评价

想开展移动社群式营销，先要亲身体验一下各种社群推广工具。杨洋、李静和何巧各自选择了一种方式体验了一下，发现真的有很多人在利用这些工具做推广，这更加坚定了他们要做下去的决心。

活动二　移动社群推广实施

👤 活动实施

一、准备阶段

准备阶段主要有两项任务需要完成：一个是明确自身的目标和价值观；另一个是完成社群的准确定位。

（一）明确自身的目标和价值观

建立社群之前，必须要先清楚自己建立社群的目的，树立正确的价值观。很多企业会习惯性地将建立社群目标等同于销售目标，价值观也确立为单纯地以营利、变现为目的，这样的目标和价值观往往会左右社群运营的整个过程，导致所有的活动都直接与利益挂钩，容易引起群内成员的反感。因此，建立社群要以真正为他人提供帮助和服务他人为核心，这样才能真正吸引他人的加入，并积极参与，甘心为企业做宣传推广，进而帮助企业扩大社群。

（二）完成社群的准确定位

社群定位就是确定社群是为哪些人群建立的。定位时可以按性别区分，也可以按年龄区分，还可以按很多其他维度去定位，如可以结合产品的特点、归属类别、使用人群、消费者兴趣等维度来定位。定位范围不宜太广或太窄，太广不容易精准地抓住消费者的心理，太窄则又限制了社群的人员数量和发展潜力。所以，社群定位一定要精准，才会取得较好的效果。

比如，要建立汽车评测类的社群平台，在进行社群定位时，就要对潜在购车消费者所购汽车有如下逻辑归类：供潜在购车消费者选择的车的类型，可以分为货车、家用车、客运车、工程车等；其中，家用车又可以分为轿车、SUV、MVP、皮卡、面包车等；SUV又可以继续细分为城市 SUV 和越野 SUV 等。如果将社群简单地定位为买车者或者全时四驱的 SUV 购买者，效果就不会太好。通过对车评圈自媒体的了解，做得较好的社群往往会单纯地定位在家用车或下一级分类上。

二、实施阶段

实施阶段主要有以下工作要做：选择平台、构建核心人员圈和运营社群。

（一）选择平台

在移动互联时代，平台种类丰富多样，更新换代速度也非常快，选择合适的平台是实施移动社群推广的第一步。

选择平台可参考以下几条原则：高热度原则、稳定性原则、专业性原则。

高热度原则是指应尽量选择人气较高的平台，这样的平台让社群"吸粉"有了更大的可能，也能为社群扩张提供更大的可能性。

稳定性原则是指应尽量选择已长期经营的、各个模块和功能都比较完善的平台，在这类平台上建设的社群能为群友带来更好的体验。

专业性原则是指在确立了建设社群的目的和定位后，应选择与自己运营方向一致的平台进行社群建设。举例来说，如果希望建设运动品牌服装的社群，就可以在虎扑论坛、腾讯体育论坛等体育类平台上进行建设。

（二）构建核心人员圈

构建核心人员圈是社群建设容易被忽视的一环，其实这是很重要的一项工作。很多入门者会认为建社群要么自己单枪匹马，要么直接找个名人就可以了。其实运营社群是需要一个团队的，团队成员之间还需要有分工，比较常见的团队组成人员有以下几种：

（1）社群群主：负责制定规划、招募群员、安排管理员、发起活动等统筹性工作。

（2）社群代言人：属于社群中心人物，具有较强的号召力，直接面对社群人群。有时群主和代言人可以由一人同时担任。

（3）普通管理员：负责邀请群员、实施活动、验证群员，并通过与群内人员的交流物色优质群员从事群内管理工作。

（4）营销策划员：负责市场调研和具体活动策划等工作。

（5）美工人员：主要负责素材的搜集、图片和视频等的拍摄及后期加工。

（6）文字编辑：主要负责软文的设计与撰写工作。

（7）公关人员：对外负责社群的合作与洽谈，对内进行群内关系的沟通、协调和气氛调动等工作。

（三）运营社群

移动社群运营主要包括四个方面：产品、人员、关系、内容与互动。

（1）产品即社群推广最终要变现的真实产品。社群运营人员要巧妙地将产品相关信息隐晦地、长期地、以一定频率体现在社群中，因为变现是社群推广的重要目的。

（2）人员既包括整个运营团队的管理、分工与合作，也包括核心人物的选择。一般社群中的中心人物会选择公众人物、领域内的专业人物、有争议性的人物或者有一定特长的人物。这些人员可以自己培养，也可以直接付费合作。

（3）关系主要是指社群内各人群间关系的维系与强化工作。管理者、代言人、群员等几方面的关系情况需要及时跟进，逐步加强。对志同道合的人员要积极联络，借用这些人员的力量将社群活动推动起来。

（4）内容与互动是社群运营的核心工作，这是"吸粉"的最根本途径。第一，运营需要定期发布产品或活动信息，要保证较高的频率，否则会造成社群人员的流失。第二，要注重信息的内容。内容一定是社群内人员最关心的，要将其高质量地表现出来。第三，要有感情融入，让群内人员感受到真诚。

三、扩展阶段

社群能够正常运营后，就要考虑去争取更大的市场，即进入扩展阶段。该阶段主要包括两项工作内容：效果评估和社群扩张。

（一）效果评估

移动社群营销的效果评估是多维度的、动态的、可量化的。需要注意的是，不能仅因为短期内变现率不高就评定推广方法是失败的。

效果评估指标如表4-1所示。

表4-1　效果评估指标

指标名称	指标内容	举例
群总人数	社群内总人数	一个社群总人数为1 000人
群活跃度	活跃群员数量/群总人数×100%	活跃人数为400人，则群活跃度为400÷1 000×100%＝40%
离群率	退群群员/群总人数×100%	退群人数为20，则离群率为20÷1 000×100%＝2%
移动端率	移动端群员/群总人数×100%	移动端人数为800人，则移动端率为800÷1 000×100%＝80%
实名率	认证群员/群总人数×100%	认证群员600人，则实名率为600÷1 000×100%＝60%
月活动量	每月发起活动的数量	每月组织2次互动活动
月信息量/频率	每月发布信息数量和频率	每月发布30次信息，每次至少5条信息
群增长率	新加入群的人数/原群总人数	新增加了200名群成员，群增长率为200÷1 000×100%＝20%
群平台排名	群在平台某类排行榜的排名位置	该平台某月在热搜排行榜中排名前10
招募人均成本	每招募1名新群成员所付出的成本	在招募和扩充群总人数时所花费的人均成本为1元
群拥有量	企业或个人在不同平台或在同一平台的不同频道中拥有的群数量	在淘宝直播、微博、微信3个平台中运营5个社群
盈利能力比	通过社群产生的产品利润/社群营销总成本	7月通过社群推广产生的产品利润为2万元，该月投入总成本（广告成本、人力成本等）为1万元，盈利能力比为2万元/1万元＝2∶1

（二）社群扩张

通过效果评估，如果某社群推广是成功的，为了继续扩大影响力，争取更大的市场，必然要进行社群扩张，群成员裂变与社群复制是社群扩张的两种主要方式。

群成员裂变是指通过对成功社群进行活动策划，利用群成员的人际关系网，开展病毒式营销招募，不断为该社群"吸粉"的扩张方式。

社群复制是指通过对成功社群运营方法和其他经验的总结，在其他平台建设类似的社群，以达到增加群拥有量的扩张方式。

移动社群推广实施流程与技巧

🎯 活动评价

通过不断学习和探索，杨洋等三人成功地在微博平台上以"旅游＋特产"为主要定位建立起了一个社群，并从平台的粉丝中成功地建立了一支管理团队，共同运营这个平台。他们结合公司的资源和产品将社群运营得有声有色，不但自己成了微博名人，还帮助公司提升了品牌形象，增加了销售额。

合作实训

以当地土特产食品公司为背景，将班级成员分成若干组，每组任选一个平台体验并开展移动社群推广工作。要求每组成员在明确分工的基础上，注册账号开展运营，并对运营情况进行效果评估。

任务四 LBS 的实际应用

▶ 任务描述

随着旅游旺季的到来，川美食品有限公司打算与旅游景点合作，利用各种手机 APP 的 LBS 功能进行产品的宣传和推广。陈刚带领的市场部负责这次 LBS 营销活动的策划和实施。本次宣传推广的主要产品为广元七绝之一——剑门关豆腐干。陈刚开始给大家分配任务：杨洋负责与剑门关旅游景点接洽，商讨合作事宜，在景点门口、游客中心等位置布置宣传展板和广告；何巧负责提供产品信息，策划网购优惠活动；李静负责广告设计和展板制作、本次活动的软文写作、微信公众号推送等。陈刚刚说完，大家提出了几个问题：

到底什么是 LBS 啊？有哪些 APP 带有 LBS 功能呢？如何利用 LBS 进行推广和营销呢？于是，大家开始一起收集相关资料和案例，总结 LBS 营销方法，结合公司的实际情况策划营销细节。

<h1 style="text-align:center">活动一　了解 LBS 和 LBS 营销</h1>

 **活动实施**

一、了解 LBS

LBS 即基于位置的服务（Location Based Service），它是通过电信移动运营商的无线电通信网络（如 GSM 网、CDMA 网）或外部定位方式（如 GPS）获取移动终端用户的位置信息（地理坐标或大地坐标），在地理信息系统（Geographic Information System，GIS）平台的支持下，为用户提供相应服务的一种增值业务。

二、了解 LBS 营销思路

LBS 被广泛应用于人们的休闲娱乐、生活服务、社交等各个方面，在商业中的应用也非常广泛。具体应用举例如下：

（1）LBS＋团购：两者都有地域性特征，但是团购又有其特性，如何结合？美国的 GroupTabs 给我们带来了新的体验：GroupTabs 的用户到一些本地的签约商家使用 GroupTabs 的手机应用进行签到。当签到人员达到一定数量后，所有进行过签到的用户都可以得到一定的折扣或优惠。

（2）优惠信息推送服务：Getyowza 为用户提供基于地理位置的优惠信息推送服务，通过和线下商家的合作来实现利益分成。

（3）店内模式：ShopKick 将用户吸引到指定的商场里，用户完成指定的行为后便赠送其可兑换成商品或礼券的虚拟点数。

三、LBS＋APP 营销模式

以下是三种利用手机 APP 进行 LBS 营销的方法。

（一）签到模式

在活动营销中，利用 LBS 对用户进行定位，基于用户的位置，为用户提供本地化的活动体验。现在几乎所有的手机 APP 都带有 LBS 定位功能，可以让用户进行位置签到并给予一定的奖励，这样 APP 的用户黏性就增强了。例如：荣誉勋章奖励、积分奖励、O2O 模式等。

（二）基于地理位置的信息推送

LBS 能够准确提供手机用户的地理位置，基于用户所处的地理位置精准推送周边的活动信息，从而达到精准宣传和营销的目的。

（三）LBS 定位客户

借助于 LBS，企业可以长期采集用户的位置数据，经过一段时间的积累，企业就能够描绘出用户的生活轨迹，从而大致了解用户的消费习惯、喜好和倾向，从而推出更具针对性的营销活动。

🎯 活动评价

大家通过查询资料和自我学习，掌握了 LBS 的概念与应用，也通过一些案例了解了 LBS 营销的基本思路，为开展公司产品的 LBS 营销做好了充分的准备。

活动二　策划和实施 LBS 营销活动

在深入了解了 LBS 后，陈刚带领市场部的同事开始对本次营销活动进行策划和实施。市场部集体讨论完活动的流程和细节后，广告专员李静在微信上注册公众号，然后何巧和李静共同完成活动软文的撰写，由李静负责公众号的活动详情推送、后续的问题解答和互动。

👤 活动实施

一、LBS 营销活动准备

（一）注册微信公众号

（1）在腾讯官网主页右侧点击"微信"链接，如图 4-8 所示。

图 4-8　腾讯官网主页微信入口

（2）在微信页面选择"公众号"，如图4－9所示。

图4－9　微信公众平台入口

（3）点击"立即注册"，根据流程注册账号即可，如图4－10所示。

图4－10　在微信公众平台注册界面

（二）制定营销活动细节

1. 目标客户群定位

在本次活动中，土特产品的目标客户群之一就是游客。游客具有地域范围广、数量大、具有一定的消费能力等特点。利用游客转发微信朋友圈的方式，可以有效地扩大目标客户群，让更多的人了解景区和产品，起到很好的宣传作用，从而将一些准游客发展为游客。

2. 与景区的双赢合作模式

在本次活动中，借助景区宣传产品，借助产品宣传景区。景区所在地就是产品的原产地，基于LBS的朋友圈转发可以帮助景区做宣传，提升景区的知名度。

二、LBS 营销活动软文写作

网络营销时代的一大优势是信息量大、信息传播速度快、受众面广。效果良好的移动网络营销必须让客户在短时间内对营销内容一目了然、印象深刻，并且对其有足够的吸引力。正确掌握和使用软文写作技巧是利用微信进行营销活动的必备技能。

软文写作技巧有以下几点。

（一）引人入胜的标题

软文具备一个吸引人的标题是营销活动成功的第一步。没有好的标题，再好的内容也不会有人关注。有三类标题最具吸引力：恐吓型、好处型和好奇型。

（二）正文开头放大标题要点

正文开始的部分也是非常关键的，如果只是做纯粹的"标题党"，没有好的正文也是徒劳。因此，正文的开头要将标题中的要点放大，设置更大的悬念，才能吸引读者进一步阅读软文，了解营销活动。

（三）正文内容全面、简洁、生动

正文的内容应尽量做到全面、多角度、多种方式结合进行描述。活动介绍、产品介绍应尽量简短、语言明了，必要时可采用图片、图示、表格等方式，让客户对软文的内容一目了然。

（四）产品价值包装

关于产品介绍的软文应对产品的价值做详尽的阐述。关于产品介绍和宣传的软文应包含下列信息：what（什么产品）、why（为什么要生产或使用这款产品）、how（如何使用和购买）、when&where（何时何地购买）、who（什么样的人群适用）、how much（产品的价格）。

（五）客户反馈增加可信度

要想让一个陌生人立刻相信你，最快的方法就是第三者的评价，特别是他的朋友的评价与反馈，这也是信息时代网络营销的传播效应。一旦一篇软文在朋友圈中疯传，就会产生连锁效应，这是因为人们往往会非常相信在自己熟识的人那里得到的信息。软文中适当增加第三者评价的内容，将部分客户的反馈和评价写进软文中，可以增加产品和活动的可信度。

（六）呼吁行动

在详尽地介绍了产品和活动以后，一定要呼吁读者立刻行动。没有呼吁行动的软文会在效果上大打折扣。因为一旦读者的拖延症犯了，软文很快就会被遗忘，那就无法达到营销的目的了，所以在软文的最后一定要用积极主动的文字呼吁读者立刻行动。明确告知读者活动截止时间、在线填写表格等都是有效的呼吁方式。

（七）零风险承诺

许多客户对于"天上掉馅饼"的事会望而却步，无论软文中所介绍的活动或产品再怎么吸引人，客户总是会持有怀疑的态度。因此，零风险承诺是让客户放心地参与活动和购买产品的一个重要环节。在这个部分，软文的写作者可以将一些常见纠纷的处理方式直白地写出来，例如突出"免费参与""无理由退换货""无效全额退款"等字眼，这些表述能够给客户吃上一颗定心丸。

（八）细节决定成败

软文中要对客户参与活动或购买产品时可能遇到的所有疑问进行清楚的解答。例如，参与方式、时间、地点、详细规则、送货问题、质量问题、退换货问题、安全问题、使用问题等。总之，软文中写得越详尽，客户就越满意和放心。

三、LBS营销活动推广

在完成了软文写作后，推广人员就可以在微信公众号上进行软文推送了。在公众号上进行编辑时，需要注意以下问题：

（1）要避免出现大段文字，应利用多种方式增强读者的体验效果，如图片、动态图片、小视频、动画、音频等。

（2）注意保护版权，在文章或图片上加上水印、注明版权信息，防止他人抄袭。

（3）注意排版，编辑要具有一定的审美眼光。

（4）可以借助第三方工具，利用一些微信公众号管理平台上的素材或者资源提高工作效率。

（5）多进行后台维护，多与客户、粉丝等互动，及时回复客户提出的问题。

（6）学会利用自动回复和关键词回复，方便读者查找和阅读相关信息。

（7）多渠道、多方式推广，既可以在微博、博客、自媒体、QQ、微信朋友圈等平台上进行宣传推广，也可以与同类企业、合作单位等互推。

LBS营销介绍

活动评价

何巧和李静通过查询资料和自我学习，掌握了微信公众号软文写作的方法和技巧。她们能够结合自己公司产品的特点，运用软文写作技巧，写出生动的微信软文，达到很好的宣传效果。李静还掌握了微信公众号的运营方法，能够很好地完成LBS营销活动的后续工作。

合作实训

班级同学分成若干小组，各组按照本次任务所学内容，为川美食品有限公司要推广的剑门关豆腐干进行LBS移动营销策划，要求形成完整的推广方案，并完成微信公众号注册、软文撰写和推送。

任务五　WiFi 推广

▶ 任务描述

　　陈刚在会上讲了要利用 WiFi 推广的计划，征求大家的意见。杨洋第一个表态："支持！WiFi 现在太火了，无论是出去吃饭，还是住店，顾客最先问的都是有 WiFi 吗、密码是多少。如果能利用 WiFi 开展推广工作，那效果肯定不错！"李静接着说："是啊！我们去逛商场的时候，也会主动去连接 WiFi，这时可能会被要求注册，登录后会有广告，会根据注册者的手机号码推送折扣信息等，可以说顺带着连客户的联系方式都获取了。"陈刚点点头，说道："看来我们还真要跟上潮流啊！杨洋、李静、何巧，还是你们三个人负责这次 WiFi 推广工作，先要去亲身体验一下 WiFi 推广有哪些形式，再结合我们的实际情况设计 WiFi 推广方案，开展推广活动。"

活动一　体验 WiFi 推广

🔲 活动实施

一、WiFi 推广模式体验

　　本次任务中，杨洋等三个人来到自己的目的地，分别是万达广场、地铁站和旅游景点，开始体验不同的 WiFi 推广模式。然后，他们回到公司分享了自己的体验和感受。

　　（1）万达广场的体验。用户一走进万达广场，手机上就弹出了飞凡 WiFi 连接界面（见图 4-11）。用户点击登录后就可看到万达广场内商场和商家的广告、优惠信息和活动信息等。

　　（2）地铁站的 WiFi 推广。在地铁站收到的 WiFi 推广信息基本上都是电子地图、旅游、酒店和餐饮信息。

　　（3）旅游景点的 WiFi 推广。在旅游景点，游客可以通过看宣传片、广告等换取一定时间的免费 WiFi，收到的推送消息基本上都是旅游、酒店、餐饮、电子地图等。

二、WiFi 推广的优势

　　（1）WiFi 推广的一大优势就是覆盖面广。现在国内的 WiFi 覆盖率大幅提高，吃喝玩乐，衣食住行，几乎各种场所都会有 WiFi 覆盖。因此，WiFi 推送的受众面很广。

　　（2）通过 WiFi 上网，再融入一些互动的方式，比如在线答题、小游戏等，就可以令

图 4 - 11　飞凡 WiFi 连接界面

用户过目难忘。

（3）WiFi 推广转化率高，极大地提高了营销的效率。对于企业来说，投放方式更灵活，自主性更强，企业可以根据自己的需要和目的来制订最优化的推广方案。

（4）利用 WiFi 推广可以获得非常详尽、准确的统计数据，不仅能提高推广效率，还能节约推广成本。

活动评价

通过体验各种类型的 WiFi 推广，市场部的员工们都感受到了利用 WiFi 进行推广的优势，为下一步利用 WiFi 推广公司的产品做好了准备。

活动二　利用 WiFi 推广

一、WiFi 推广的必要条件

想要利用 WiFi 推广，首先要为客户提供良好的 WiFi 体验，这就要具备以下几个必要条件：

（1）稳定的网络。作为公共 WiFi，必然要能够保证网络足够稳定，尽量避免无法上网这类情况的发生。

（2）足够的带宽。当连接 WiFi 的人数达到峰值时，仍能保证用户的上网速度。

（3）覆盖范围广。根据推广的范围，保证 WiFi 的覆盖面积足够广。

（4）网络安全性。为保证 WiFi 热点提供者和使用者的安全，需要保证网络的安全环境，一般情况下会禁止用户直接访问，并控制接入时长。

二、WiFi 推广的模式选择

WiFi 推广的模式主要有基于地理位置定位的、利用区域电子地图的、直接定制个性化广告页面的和利用广告来换取免费 WiFi 的，如何选择推广模式很重要。

如果经营的产品具有明显的地域性，企业可以选择基于地理位置定位的 WiFi 推广模式，其针对性强，曝光率高，会取得不错的效果。

如果广告主有门店并希望通过 WiFi 推广吸引客户上门，则可以选择 WiFi 电子地图广告，将最新的潜在客户带到门店。

直接定制个性化广告页面的模式类似于网络广告，适用于大多数广告主投放广告。

广告换取免费 WiFi 的模式一般是公共热点 WiFi 提供商常用的推广方式。利用免费这一营销手段，可以在为消费者提供 WiFi 的同时，让消费者接受广告。

当然，WiFi 推广的模式不限以上几种，具体选用哪种模式还要结合企业和个人的实际情况。

三、WiFi 推广内容设计

（一）自营 WiFi 推广内容的设计

若是自营的 WiFi 免费热点，需要从以下几个方面进行内容设计：

（1）WiFi 名称设计。WiFi 名称是消费者连接 WiFi 的第一步，WiFi 名称一般都会带有热点提供者信息。

（2）WiFi 广告文案设计。这是指针对客户的使用习惯，设计简洁的欢迎广告页面、WiFi 使用说明页面、轮播图及其他广告内容。

（3）WiFi 互动活动策划。这是指将 WiFi 平台作为一个与客户交流的平台，保证有一定的活动在页面中，吸引客户的注意力，留住客户，提升转化率。

（二）借用其他 WiFi 平台推广内容的设计

若是借用其他 WiFi 平台投放广告，需要按照平台的要求准备相应素材，并进行投放的洽谈。

WiFi 推广介绍

活动评价

通过对 WiFi 推广条件的了解，并与几家免费 WiFi 供应平台沟通后，杨洋他们选择了合适的 WiFi 推广模式进行尝试。

合作实训

全班同学分组体验和开展 WiFi 推广。每组寻找并体验 3～4 个 WiFi 推广的平台，并根据每个推广平台的要求制作 WiFi 推广所需的素材，包括文案、图片、视频等。

法治护航

2021 年 11 月，国家计算机病毒应急处理中心通过互联网监测发现 17 款移动应用存在隐私不合规行为，违反《网络安全法》《个人信息保护法》相关规定，涉嫌超范围采集个人隐私信息。

（1）APP 以默认选择同意隐私政策等非明示方式征求用户同意，涉嫌隐私不合规。涉及 1 款 APP：《趣出行》（版本 7.1.1，华为应用市场）。

（2）未向用户明示申请的全部隐私权限，涉嫌隐私不合规。涉及 16 款 APP：《果星云市场》（版本 2.6.6，360 手机助手）、《红布林》（版本 3.6.8，OPPO 软件商店）、《优易充》（版本 5.4.0，OPPO 软件商店）、《生意顺》（版本 7.9.22，PC6 安卓网）、《动漫之家》（版本 3.7.1，vivo 应用商店）、《幼儿园英语》（版本 9.8.5，vivo 应用商店）、《车易拍商户版》（版本 9.5.5，百度手机助手）、《趣出行》（版本 7.1.1，华为应用市场）、《56888 一点通司机》（版本 2.5.5，华为应用市场）、《智慧渔业》（版本 2.2.6，华为应用市场）、《首都机场》（版本 2.6，乐商店）、《头条军事》（版本 2.5.9，乐商店）、《美丽说》（版本 10.6.9.2477，豌豆荚）、《曲奇办公》（版本 1.2.6，豌豆荚）、《我趣开车》（版本 1.4.1，小米应用商店）、《生活日历》（版本 6.2.5，小米应用商店）。

（3）APP 向第三方提供个人信息未做匿名化处理，涉嫌隐私不合规。涉及 1 款 APP：《动漫之家》（版本 3.7.1，vivo 应用商店）。

（4）APP 在征得用户同意前就开始收集个人信息，涉嫌隐私不合规。涉及 3 款 APP：《云习》（版本 2.0.216，PC6 安卓网）、《趣出行》（版本 7.1.1，华为应用市场）、《我趣开车》（版本 1.4.1，小米应用商店）。

（5）未提供有效的更正、删除个人信息及注销用户账号功能，或注销用户账号设置不合理条件，涉嫌隐私不合规。涉及 8 款 APP：《果星云市场》（版本 2.6.6，360 手机助手）、《优易充》（版本 5.4.0，OPPO 软件商店）、《生意顺》（版本 7.9.22，PC6 安卓网）、《幼儿园英语》（版本 9.8.5，vivo 应用商店）、《趣出行》（版本 7.1.1，华为应用市场）、《智慧渔业》（版本 2.2.6，华为应用市场）、《曲奇办公》（版本 1.2.6，豌豆荚）、《生活日历》（版本 6.2.5，小米应用商店）。

（6）未建立并公布个人信息安全投诉、举报渠道，或超过承诺处理回复时限，涉嫌隐私不合规。涉及 3 款 APP：《优易充》（版本 5.4.0，OPPO 软件商店）、《生意顺》（版本 7.9.22，PC6 安卓网）、《趣出行》（版本 7.1.1，华为应用市场）。

移动应用开发的商家一定要遵守《网络安全法》《个人信息保护法》《电子商务法》等一系列法律法规，尊重用户，保护用户数据与隐私，不要让一些不法分子借助 APP 谋取非法利益，从而损害使用者的利益，也让企业蒙受损失。

资料来源：国家计算机病毒应急处理中心监测发现 17 款违法移动应用，光明网，2022−07−29.

项目总结

本项目介绍了移动网络推广的几种形式，主要包括以下方面：

（1）移动搜索网站推广的方法与技巧。

（2）利用 APP 推广的方法与技巧。

（3）利用移动社群推广的方法与技巧。

（4）体验 LBS 推广的方式。

（5）利用 WiFi 推广的方法与技巧。

项目检测

一、单选题

1. 关于手机百度、搜狗搜索、360 搜索等移动搜索 APP，下列说法正确的是（　　）。

A. 搜索原理各不相同

B. 功能和排列规则均相同

C. 带有智能搜索、语音搜索等功能

D. 信息源的数量相同

2. 下列选项中，不属于 WiFi 推广优势的是（　　）。

A. 覆盖面广 　　　　　　　　　B. 推广成本低，但推广效率高

C. 推广转化率高 　　　　　　　D. 获得详尽、准确的统计数据

3. 下列关于移动社群推广的说法，不正确的是（　　）。

A. 社群推广是病毒式营销的一种形式

B. 社群推广的目的是实现产品和服务变现

C. 以微信、微博、自媒体等移动载体为工具

D. 合理的结构是组建社群的基础

4. 下列选项中，不属于 LBS 营销活动软文写作技巧的是（　　）。

A. 软文中不必突出活动细节 　　B. 正文开头放大标题要点

C. 正文内容全面、简洁、生动　　　D. 客户反馈增加可信度

5. 下列选项中，属于社群推广准备阶段工作的是（　　　）。

A. 选择平台　　　　　　　　　　　B. 构建核心人员圈

C. 完成社群的准确定位　　　　　　D. 运营社群

二、多选题

1. 下列关于移动端搜索与 PC 端搜索的说法，正确的是（　　　）。

A. 二者的搜索排列在一定程度上相对独立

B. 搜索原理从根本上无太大区别

C. 移动端不是 PC 端的简单移植

D. 对 PC 端网站进行优化后，不需要对移动端再进行优化

2. 移动搜索网站搜索的流程包括（　　　）。

A. 搜索　　　　　B. 抓取　　　　　C. 排序　　　　　D. 展现

3. 下列属于移动端网站内部优化方法的是（　　　）。

A. 确定主关键词　　　　　　　　　B. 网页标题设置

C. 使用动静结合的网页　　　　　　D. 网页内链优化

4. 下列选项中，属于社群构成要素的是（　　　）。

A. 共同的兴趣　　　　　　　　　　B. 合理的结构

C. 持续的信息发布　　　　　　　　D. 稳定的运营

5. 下列选项中，属于 LBS＋APP 营销模式的是（　　　）。

A. 优惠信息推送服务

B. 签到模式

C. 基于地理位置的信息推送

D. LBS 定位客户

三、判断题

1. 通过百度推送的各类文章进行网络推广时不需要自媒体平台。（　　　）

2. 移动搜索的抓取程序只能抓取文本格式内容，不能抓取图片。（　　　）

3. 不同的搜索引擎网站，其收费方式和标准也不同。（　　　）

4. APP 是基于不同平台单独开发的，不同系统间的 APP 不能兼容。（　　　）

5. 竞价排名是按照付费高低，对购买同一关键词的网站进行排名的方式。（　　　）

四、操作题

假设你是某水果店的销售人员，请你根据所学知识，开展移动社群营销推广工作并说一说组建社群的目的以及如何进行社群定位、平台选择、核心人员圈的选择与社群的初步运营。

▶ 情境引入

唯美化妆品有限公司通过开展搜索引擎推广等一系列的营销活动，公司网站的访问量和曝光率有了很大提升，自从全线进军新零售以来，公司管理层很快意识到，除了常规的推广外，还应借助社交网络的力量，采用邮件推广、客户分享等形式，进行免费推广，加大新零售的营销推广力度。

陈晓玲在唯美化妆品有限公司已经实习了一段时间，对于公司安排的各项任务，她都能认真完成，经理对她赞赏有加。接下来，经理给她布置了更多的推广任务，陈晓玲能否顺利完成呢？

▶ 项目目标

📖 知识目标

➤ 学习其他网络推广方式。

➤ 了解其他网络推广方式的有关规则。

➤ 认识短视频推广与直播推广的方式与方法。

🗝 技能目标

➤ 熟练进行邮件推广。

➤ 能够利用 SNS 社区进行推广。

➤ 掌握新零售的推广方法。

➤ 掌握短视频推广与直播推广的技巧。

➤ 培养组织策划能力。

✒ 素养目标

➤ 了解关于网络信息内容方面的相关规定，策划出符合要求的网络信息内容，积极承担起网络信息传播者的社会责任。

任务一　邮件推广

▶ 任务描述

在公司早会上，经理说在之前的推广中，公司已经收集到了主要客户和一些潜在客户的信息，希望推广人员能够好好利用这些信息维护好客户。陈晓玲想到了通过邮件列表、邮件订阅等方式向客户发送公司的新闻、声明、新产品信息、优惠信息等推广产品。经过讨论，大家都比较认同陈晓玲的想法，于是这个任务就顺理成章地落在了陈晓玲的头上。

陈晓玲接到任务后，立刻开始整理客户的邮件信息，为此她还专门向同事请教相关知识，顺利地把客户的邮件地址做成了一个完整的邮件列表，接下来就是给客户发邮件了。

活动　认识和实施邮件推广

很多人都有过这样的经历：经常会收到各种邮件，有的是垃圾邮件，有的明显是营销型邮件。通过邮件来进行网络营销和推广，这是目前很多公司常用的一种推广方法。邮件推广具有一对一的性质，通过这种营销手段更容易找到目标客户。

活动实施

一、初识邮件推广

邮件推广就是以电子邮件为推广工具，向用户传递营销信息的一种推广方法。邮件推广起源于 1994 年，经过近 30 年的发展，现在已经到了非常成熟的阶段，已经从简单的大量发送发展到了具有生命周期的邮件营销阶段。邮件推广常常通过电子刊物、会员通信、专业服务商的电子邮件广告等方式实现。在进行邮件推广的时候，如果邮件发送规模比较小，可以采用一般的邮件发送方式或邮件群发软件来完成；如果邮件发送规模较大，就应该借助于专业的邮件发送平台来发送。

二、邮件推广的步骤

邮件营销是被允许的，而发送垃圾邮件则是被禁止的。因为邮件是一对一的，所以给客户发送邮件与做网站广告相比，邮件给客户的印象更深刻，也能让企业更容易找到忠实的客户。

（一）确定邮件推广的任务与目的

邮件推广的任务与目的如图 5-1 所示。

图 5 - 1　邮件推广的任务与目的

（二）建立邮件列表

1. 从内部获取邮件列表

（1）通过网站的入口、渠道，引入邮件列表（注册、活动等）。如图 5 - 2 所示，网易考拉通过让用户注册引入邮件列表。

图 5 - 2　网易考拉通过让用户注册引入邮件列表

（2）通过其他入口（微博、微信、论坛开放入口）引入邮件列表。通过论坛引入邮件列表如图 5 - 3 所示。

2. 通过互联网收集目标用户邮件地址

通过互联网主动搜索目标受众用户邮箱地址的具体方法如图 5 - 4 所示。推广人员可以经常到论坛、贴吧和博客里与网友互动，及时更新内容，引导更多流量，收集更多的目标客户邮件地址。

3. 通过提供优惠获得目标用户邮件地址

为了获得目标客户的邮件，企业还可以为客户提供免费赠品或服务，如提供电子书或优惠券等让客户下载，这样目标客户更愿意留下邮件地址。

图 5 - 3　通过论坛引入邮件列表

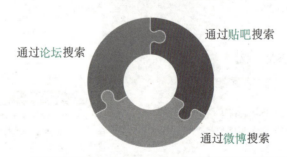

图 5 - 4　通过互联网主动搜索目标受众用户邮箱地址的具体方法

　　建立邮件列表对于邮件推广来说是第一步，也是最重要的一步，只有好的资源才能带来好的推广效果。另外，企业还可以通过购买专业服务商的服务来向特定列表中的用户发送营销邮件。

（三）确定邮件推广工具

　　邮件推广是在用户事先许可的前提下，通过电子邮件的方式向目标用户传递有价值信息的一种网络营销手段。那么，作为一种网络营销手段，邮件推广有哪些推广工具呢？我们可以选择 Outlook、MobileMe、iCloud、QQ 邮箱、网易邮箱、新浪邮箱、搜狐邮箱、189 邮箱、263 邮箱、139 邮箱以及其他支持 IMAP/SMTP 的企业邮箱，利用邮件推广工具进行邮件推广。

　　网络上有许多邮件推广的平台，如 U-Mail、MailPanda，它们是邮件一揽子服务商，专为企业提供邮件相关服务，产品包括邮件营销平台、邮件系统、邮件网关、邮件中继、企业邮箱等。

三、编辑邮件

我们时常会看到"内容为王"或者"为用户提供价值"之类的描述。做邮件推广也一样，内容的编辑非常重要。尽管每封邮件的内容结构各不相同，但邮件列表的内容却有一定的规律可循。设计完善的邮件一般具有下列基本要素。

（一）邮件主题

填写邮件主题的位置如图 5-5 所示，主题最好直观、富有吸引力，以增加用户点击率。当然也不能"题文不符"，胡编乱造。

图 5-5 填写邮件主题的位置

（二）邮件列表名称

一个网站可能有若干个邮件列表，一个用户也可能订阅了多个邮件列表，仅靠邮件主题不一定能完全反映出所有信息，因此需要在邮件内容中表现出列表的名称。邮件列表如图 5-6 所示。

图 5-6 邮件列表

（三）目录或内容提要

如果邮件信息较多，就有必要给出当期目录或者内容提要。

（四）邮件内容

邮件内容应比较直观，排版清晰，最好能多增加几个吸引用户点击的链接。邮件格式有传统的文本格式和现在很流行的 Html 格式。Html 格式的邮件有图片会比较美观，但是 Html 格式的邮件占邮箱空间比较大。邮件内容不要使用附件形式，因为很多用户对于附件形式的邮件根本就不会下载。Html 格式邮件和文本格式邮件的样例如图 5-7 和图 5-8所示。

图 5-7　Html 格式邮件的样例

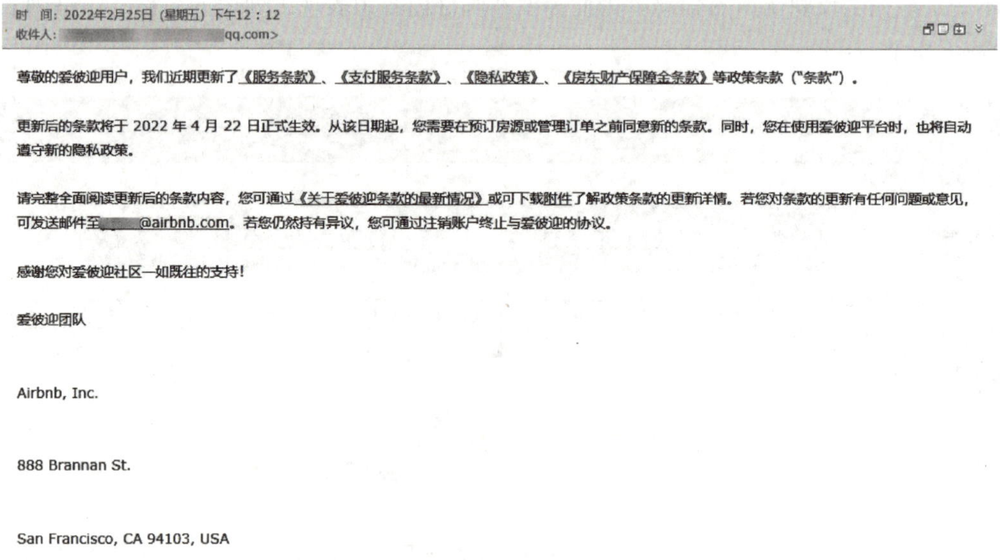

图 5-8　文本格式邮件的样例

（五）退出列表方法

退出列表的方法应该出现在每一封邮件的内容中。纯文本格式的邮件通常用文字说明退订方法，Html 格式的邮件除了说明之外，还可以直接设计退订框，用户可直接点击按钮进行退订。退订框如图 5-9 所示。

图 5-9 退订框

四、发送邮件

邮件的发送可以选择手动方式，这种方式的速度会慢一点，也可以采用邮件群发软件来发送。群发邮件是一件需要付出时间和耐心去做的事情。目前主流的邮件发送服务器，无论是收费还是免费，都限制了每天最大的发送量。此外，发送邮件还需要考虑的一个重要问题是很多邮箱都有过滤垃圾邮件的功能，因此要避免自己的邮件被过滤掉。

五、效果评估

邮件发送完以后，后续的效果评估工作也十分重要，后期监测和分析邮件发送效果也是邮件营销不可或缺的一部分。通过邮件的回应数量、邮件发送的精确度来综合分析和评估邮件发送的成果，进而修改邮件发送策略，最终使邮件营销越来越精准，使邮件推广收到更大的成效。

邮件推广效果往往通过以下指标评估：邮件送达率、邮件打开率、邮件反馈率、邮件转化率等。

邮件推广介绍

🌀 活动评价

经过学习摸索，陈晓玲顺利地完成了本次任务。在执行任务的过程中，陈晓玲学习了邮件推广的方法，掌握了撰写推广邮件的技巧，同时明白了邮件推广虽然简单，但是要发出一份有效的邮件，仍然有很多需要注意的地方，需要学会换位思考，及时调整策略。

🅖 合作实训

临近春节，请你为唯美化妆品有限公司做一次节日邮件推广，给客户发一封邮件，告诉这些客户：为了答谢客户对公司多年来的关注，公司准备在春节来临前举办大型的产品让利酬宾活动。

要求：邮件主题鲜明，紧扣活动主题，能吸引客户打开邮件；邮件内容能突出产品卖点，并把促销信息传递给潜在消费者；邮件字数在200字左右，要求设置邮件签名，并注明公司联系方式和发件人。

任务二　　SNS 推广

▶ 任务描述

唯美化妆品有限公司在坚持进行邮件推广后，被越来越多的客户订阅，公司网页和店铺的曝光率、点击量都有了明显提升。随着社交网络的兴起和发展，越来越多的人习惯于通过社交平台分享工作、生活，公司经理想借助社交网络的力量，通过客户分享的形式，寻找更多的潜在客户。

陈晓玲接到任务后，立刻对主流的社交平台进行了研究，根据对公司目标客户的分析，结合店铺商品的特点，制定了不同的营销策略。

她所做的这部分工作概括起来有三点：研究平台、选定方向、实施推广。

活动一　认识 SNS 推广

陈晓玲想利用SNS平台进行推广，需要收集主流社交网站的信息，结合各网站的特点进行有针对性的营销，还需要通过注册建立公司账号或个人账号，开展SNS推广活动。

活动实施

一、什么是 SNS

SNS（Social Networking Services）是"社交网络服务"的简称。在互联网领域，它有以下三层含义：

（1）社交网络服务（Social Networking Services），即社会性网络服务或社会化网络服务。

（2）社交软件（Social Networking Software）。

（3）社交网站（Social Networking Site）。

因此，SNS 专指旨在帮助人们建立社会性网络的互联网应用服务。

1967 年，哈佛大学心理学教授斯坦利·米尔格拉姆（Stanley Milgram）创立了六度分隔理论。该理论认为，你和任何一个陌生人之间所间隔的人不会超过六个，也就是说，最多通过六个人你就能够认识任何一个陌生人。

社交网站就是根据"六度分隔理论"，通过互联网为用户提供人际关系网络的服务，并帮助用户通过个人的人际关系网络满足其各方面需求的网站。它以认识朋友的朋友为基础，利用网络的特性扩展现实生活中的社交圈，通过真实的朋友去认识朋友的朋友，进而非常方便快捷地建立起自己的朋友圈，在需要的时候得到该人脉的帮助。

SNS 营销的主要形式如图 5-10 所示。

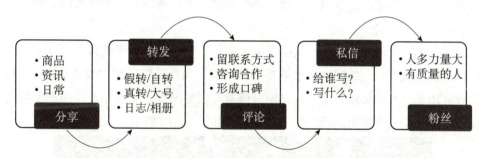

图 5-10 SNS 营销的主要形式

二、了解国内主流社交平台

相关调查报告显示，截至 2020 年 10 月，全球互联网用户从 45.4 亿增长至 46.6 亿，社交媒体用户从 38 亿增长至 41.4 亿，88.9% 的互联网用户每月在使用社交媒体。下面我们来盘点一下国内主要的社交平台。

（一）微博

微博曾用名新浪微博，2009 年推出，是我国较大的娱乐休闲生活服务信息分享和交流平台，也是媒体监控和跟踪突发消息的重要来源及公众表达自我的个性平台。自 2009 年至 2010 年，新浪先后申请了"微博""围脖""weibo"等商标。

微博是基于用户关系的社交媒体平台，用户可以通过 PC、手机等多种终端接入，以文字、图片、视频等多媒体形式，实现信息的即时分享、互动传播。

微博的"话题热搜""超话打榜"等功能逐渐融入广大用户的日常生活，也成为企业或机构营销和公关的重要渠道。微博的官网首页如图 5-11 所示。

图 5-11　微博的官网首页

（二）微信

微信是腾讯公司于 2011 年 1 月 21 日推出的一款为智能终端提供即时通信服务的免费应用程序，它支持跨通信运营商、跨操作系统平台，通过网络发送语音短信、视频、图片和文字。

微信主打熟人圈的社交媒体，其朋友圈、微信红包、公众号等成为人们日常生活的焦点。微信提供公众平台、朋友圈、消息推送等功能，用户可以通过"搜索号码""扫二维码"的方式添加好友和关注公众平台，同时微信可以将内容分享给好友，用户也可以将看到的精彩内容分享到微信朋友圈。微信官网首页如图 5-12 所示。

图 5-12　微信官网首页

（三）抖音

抖音上线于 2016 年，是字节跳动集团旗下的一款风靡全球的音乐创意短视频社交软件，以"记录美好生活"为品牌口号。用户可以通过选择歌曲、海量原创特效和滤镜，拍摄音乐短视频，形成自己的作品，也可找到涵盖生活妙招、美食做法、旅行攻略、科技知识、新闻时事、同城资讯等各种实用内容。

2020 年 1 月 8 日，火山小视频和抖音正式宣布品牌整合升级，火山小视频更名为抖音火山版，并启用全新图标。2021 年 6 月 21 日，抖音正式上线了网页版内测，其官网页面也进行了改版。新版主页在提供了搜索功能之外，还在抖音的导航栏中设有直播、娱乐、知识、二次元、游戏、美食在内的 10 个标签分类。用户可以在抖音网页版浏览横屏视频内容，登录后可以直接通过网页版发布视频。抖音官网首页如图 5 - 13 所示。

图 5 - 13　抖音官网首页

活动评价

陈晓玲在查找了 SNS 相关信息后，对 SNS 推广有了更深刻的认识，也了解了国内外的社交网络平台，能够根据公司的相关情况选择合适的平台，制定不同的营销策略。

活动二　建立微博账号

微博是一个实现人们在线创作、分享和发现内容的社交媒体平台。微博将公开、实时的自我表达方式与平台强大的社交互动、内容整合与分发功能相结合。任何用户都可以创作并发布微博，并附加多媒体或长博文内容。每个用户都可以关注任何其他用户，对任何一条微博发表评论并转发。微博简单、不对称和分发式的特点，使原创微博能演化为快速传播、多方参与并实时更新的话题流。

《2020 年微博用户发展报告》显示，微博 2020 年 9 月月活用户为 5.11 亿，日活用户为 2.24 亿，其中"90后"占比为 48％，"00后"占比为 30％，两个年龄段总的占比接近 80％，微博用户呈年轻化趋势。

活动实施

（1）注册账号。个人用户可在 PC 端或移动端完成微博账号的注册。以在 PC 端注册为例，个人用户可在浏览器中搜索"新浪微博"或输入网址（https：//weibo.com），具体如图 5-14 所示。

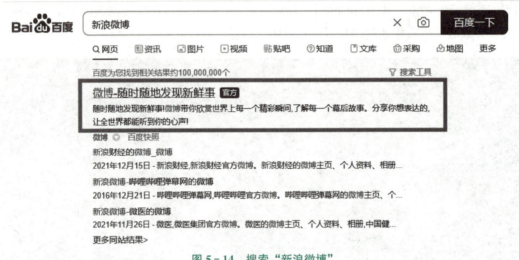

图 5-14　搜索"新浪微博"

（2）进入新浪微博官网首页，点击"立即注册"按钮，如图 5-15 所示。

图 5-15　注册入口

（3）选择"个人注册"，完善手机号、设置密码、生日、激活码后，点击"立即注册"，具体如图 5-16 所示。

图 5-16　完善注册信息

（4）注册成功后，需要完善个人资料，如个人主页昵称、头像、简介、性别、生日等。还可根据自己的喜好搜索到有相同兴趣的微博用户名，例如搜索"美食"，搜索框下方即出现相关的微博用户。相关页面如图 5-17 和图 5-18 所示。

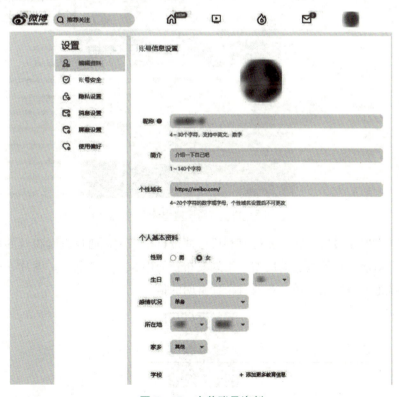

图 5-17　完善账号资料

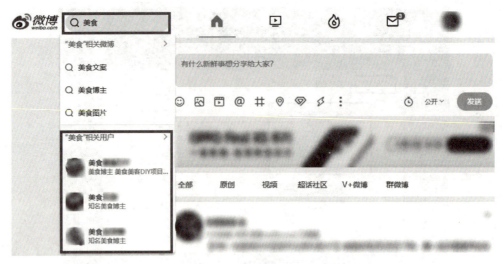

图 5-18　搜索相关用户

（5）微博账号建立后，就可以在新浪微博首页编辑并发布相关微博内容。相关页面如图 5-19 所示。

图 5-19　编辑微博相关页面

成功创建微博账号后，我们就可以利用微博进行推广了。通过查看粉丝的评论、私信等，了解好友对已经传播内容的反馈；策划发布新的内容，包括文字、图片、视频等，有策略地、系统地向微博用户传达有效且个性鲜明的信息。

SNS 推广方式介绍

活动评价

通过活动，陈晓玲了解了国内主要的社交网站，经过分析比较，她最后选择了热门的微博作为推广工具，注册了微博账号，每天定时对微博进行管理，很好地宣传了公司的最新动态。

🎯 合作实训

实训一：打开微博官网，注册微博账号。

实训二：以小组为单位，分工合作，对微博主页的活动、转发、私信、评论进行管理。

任务三　　　　新零售推广

▶ 任务描述

随着消费升级与技术革新，传统零售业发展陷入困境，传统电商需转型升级。为了增强消费者的体验，满足消费者的需求，国家出台相应政策，鼓励和支持零售业转型升级、线上线下融合发展。陈晓玲所在公司决定转型新零售，陈晓玲也接到了新零售营销推广的任务。

活动一　学习新零售模式

在探索新零售的道路上，大批企业打破传统零售的束缚，通过大数据、人工智能等新技术，重构"人、货、场"等商业元素，使购物打破了时间、空间的限制，形成"线上＋线下"全面融合、实时互通的新零售。在接到新零售营销推广任务后，陈晓玲便开始着手准备。

👔 活动实施

一、新零售的定义

有人这样说："未来没有电商，只有新零售。"随着我国居民消费层次、消费需求、消费方式的不断转变，商品零售模式也发生了深刻变革。

阿里研究院的《新零售研究报告》中指出，新零售是以消费者体验为中心的数据驱动的泛零售形态。新零售有以下三个特征：第一，以消费者体验为中心，围绕消费者需求，重构人、货、场；第二，零售二维性，即零售主体、消费者和商品都具备物理性和数字性特征；第三，零售物种大爆发，这是指借助于数字技术、物流业、大文化娱乐业、餐饮业等多元业态延伸出零售形态，更多零售物种将被孵化产生。

二、新零售模式

随着大数据和人工智能等新技术的应用，购物已经成了一种能给消费者带来更多感官体验的生活方式。在互联网、大数据、人工智能等技术影响下，传统零售模式已开始向"线上线下＋大数据＋人工智能"的新零售模式转变。有人提出："线上的企业必须走到线下去，线下的企业也必须走到线上来。线上线下加上现代物流，才能实现真正的新零售。"在传统零售模式下，实体店和电商是完全分离的，而新零售模式则要求企业实现线上线下的深度融合、利用大数据精准触达目标消费、将人工智能贯穿于零售全过程。

在"双12"大促期间，有些企业通过在线上造势，向消费者发放优惠券或宣传促销产品，吸引消费者到线下实体店体验购买，成功将线上流量引入线下。某数据平台的数据显示，在"双12"大促当天，某平台帮助全国300多个城市的商家发出了近1.4亿张优惠券，转化交易额达6 500万元，且大部分交易都在线下完成。由此可见，线上线下深度融合，可以使企业获得更多的客流量。

在新零售时代，线上与线下的企业都可以借助大数据精准匹配目标消费者，利用大数据分析量化效益，掌握"互联网＋"时代大数据的营销趋势，抓住营销渠道转变期的机遇，让企业在市场竞争中占据优势。

人工智能技术的应用是新零售的重要标志之一，也是实现新零售不可或缺的重要手段。企业可以利用人工智能打造智慧化供应链，以市场和消费者的需求为导向，围绕"人、货、场"整体框架，建构和优化企业的运营计划和决策体系，实现人工智能算法和闭环业务流程的智慧管理。企业也可利用人工智能开设无人实体店，实现商品的全程无人售卖，极大地简化了消费者的购物流程，给消费者带来便捷、舒适的购物体验。

三、新零售发展现状及趋势

随着我国综合国力不断增强，人民生活水平不断提高，零售业也在不断发展壮大，在国民经济和社会发展中发挥着重要作用。从人脸识别技术的运用，到无人机配送、智能客服、线下实体智能化商品体验，人工智能和大数据在新零售中的场景化应用更加广泛。

（一）新零售发展现状

新零售的特点是"线上＋线下＋物流"，线上线下融合并打通全渠道变成企业新零售发展的共识。阿里巴巴以盒马鲜生为抓手，重构线下超市的新零售业态，是新零售的典型代表，它通过线上线下的协同发展，实现了商品、价格、营销、会员的四个统一。

新零售一方面积极利用智能科技开发出 APP、官方网站等线上服务平台，另一方面注重提升线下服务质量，增强线下顾客体验。在国内推出的 24 小时无人便利店、智能零售店等，所有店铺的门都是锁定状态，消费者需要用手机 APP 扫码注册以后才能进入，进店后为保证购物的安全性，店门会立刻锁上，店内消费者可根据自身需求选购商品，选购结束后只需走到结账区域，根据商品的特有标签在无人收银台自助扫描商品识别码，电子屏会在扫描后出现相应商品的信息和价格，消费者确认后用支付宝或微信扫描二维码即可付款。付款完成后，无人便利店会有相应提示，随后系统会自动开门让消费者出店。

新零售模式通过创新理念，深入组织和生产等环节，密切关注消费者真正想要什么，探索顾客的需求，从而进行产品的开发、销售，并通过附加服务走出不同于传统零售的新路子。新零售将创新的理念融入商品中，用商品来传达零售的特色，树立特有的品牌理念作为发展的新思路。新零售体验式营销是一种突破以往"理性消费者"理论的营销模式，将顾客的理性与感性相结合，商品本身的价值不再是消费者购买行为的全部，消费全过程的体验成为实体店经营的关键。

（二）新零售发展趋势

在虚拟现实（Virtual Reality，VR）时代，新零售的体验式营销可以打破时间、空间的限制，一部 VR 头盔式显示器，就能将店铺运营的所有相关信息连接到逼真的三维虚拟世界中，让顾客能够更加直观、全面地了解产品。VR 技术让商家有了更大的发挥空间，让一些原本不可能的体验变成现实。

体验式营销的核心在于提供极致的顾客体验。不过，由于技术所限，VR 体验式营销的硬件普及率较低，硬件不够完善，目前大部分 VR 头盔显示器的画面质量还不够清晰，设备沉重，影响了顾客体验。但可以预见的是，在不远的将来，VR 体验式营销将会越来越普及，逐渐登上线下商业的舞台。

🎯 活动评价

陈晓玲在学习了新零售的相关知识后，体验到了"以人为本"的重要性，感受到了未来人工智能及 VR 技术应用于新零售方面的巨大潜力，看到了新零售未来的发展。

活动二　参加美团团购

作为一种新兴的电子商务模式，团购发展得如火如荼。如今美团用户已经越来越多，各行业商家也陆续加入美团，开启了团购模式的新纪元。下面简单介绍美团以及加入美团商家的几个步骤。

活动实施

一、了解美团

美团作为一家吃、喝、行、游、购、娱一站式平台，其使命是"帮大家吃得更好，生活更好"。公司聚焦于本地生活战略，以"吃"为核心，通过科技创新，和广大商户与各类合作伙伴一起，努力为消费者提供品质生活，推动生活服务业需求侧和供给侧数字化升级。

2018 年 9 月 20 日，美团正式在港交所挂牌上市。

二、美团商家入驻流程

第一步：登录美团网，点击右上角的"商家中心"，在下拉选项中选择"我想合作"，如图 5 – 20 所示。

图 5 – 20 登录美团网

第二步：选择合作行业，点击"外卖"按钮，如图 5 – 21 所示。

图 5 – 21 选择合作行业

第三步：点击"申请开店"，如图 5-22 所示。

图 5-22　点击"申请开店"

第四步：点击"立即入驻"，如图 5-23 所示。

图 5-23　点击"立即入驻"

第五步：点击"注册开店"，填写手机号和验证码，如图 5-24 所示。

图 5-24　点击"注册开店"

三、开店要求及流程

美团外卖平台对商家入驻提出了具体要求，并对开店流程进行了规范。

（一）开店要求

美团官网的开店要求如图 5-25 所示。

图 5-25　美团官网的开店要求

美团官网的开店要求具体可分为以下三类：

（1）有实体门店。商家在入驻美团外卖平台前，需要有线下实体店铺。

（2）有经营资质。在申请开店过程中，商家需要提供符合国家法律法规的经营许可证照，包括但不限于营业执照、各类许可证、特许证件等。

（3）品类范围。美团外卖支持的经营项目有美食、甜点饮品、母婴、宠物、日用百货、服饰鞋帽、食品专营、美妆日化、水果食材、鲜花绿植等。

（二）开店流程

如图 5-26 所示，在美团官网上开店主要分为以下三个步骤：

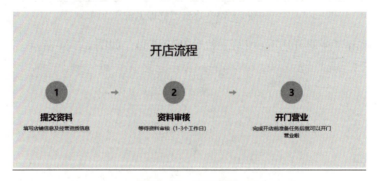

图 5-26　开店流程

（1）提交资料。商家需要填写店铺信息及经营资质信息。

（2）资料审核。等待资料审核的时间是 1~3 个工作日。

（3）开门营业。商家在完成开店的准备工作后即可开门营业。

🎯 活动评价

陈晓玲了解了美团的情况，掌握了商家入驻美团外卖平台的基本流程并顺利地在美团上开店，为公司做了一次很好的推广，受到了经理的表扬。

合作实训

两名同学为一组，共同完成以下任务：

1. 登录表 5 - 1 中的网站，并对这些网站进行分析。

表 5 - 1　网站分析

网站名称	定位与特色	商务模式及主要功能	盈利点	存在的问题
聚划算				
拼多多				

2. 体验"饿了么"，分析"饿了么"的使用流程并作出评价，简要阐述"饿了么"的核心价值。

任务四　短视频推广

任务描述

陈晓玲是一名电子商务专业的学生，她认识到近年来我国短视频行业的发展趋势，决定利用自身所学知识与技能，借助短视频平台，宣传家乡特产，扩大产品知名度，提升销量。于是小陈和几名同学组成短视频团队，一起来完成这个任务。团队在完成短视频的拍摄与剪辑之后，需要对短视频进行推广。

活动一　短视频推广的目的及渠道分类

陈晓玲的短视频团队利用收集到的相关资料，开始对短视频推广的知识进行学习，首先学习的是短视频推广的目的及短视频推广渠道。

活动实施

一、短视频推广的目的

推广是短视频推广整个流程中非常重要的一环。做好短视频推广可以迅速提高传播速度，扩大影响力，实现推广目的。

（一）获得粉丝

以短视频植入广告，很容易获得一批固定的粉丝群。一些比较受欢迎的短视频平台，都有自己精准的目标用户。短视频制作的创意好，广告植入不露痕迹，就容易说服用户，将用户转化为短视频粉丝。

（二）获取品牌影响力

一般来说，品牌形象给消费者的印象是抽象的、官方的、有距离感的，而短视频推广可以通过短视频的人物形象和深入人心的文案，拉近用户与品牌之间的距离，将用户与企业之间的交流转变为人与人之间的交流，同时增强品牌的影响力。

（三）营销变现

短视频推广具有重大的商业价值，其强大的变现功能是短视频推广的一大特点，吸引越来越多的商家进军此领域。商家可以通过"短视频＋电商变现"、"短视频＋内容流量变现"以及"短视频＋知识变现"等形式实现商业价值。

二、常见的短视频推广渠道

短视频推广渠道有很多种，常见的主要有以下四类：在线视频渠道、资讯客户端类渠道、社交平台、电商平台。

（一）在线视频渠道

在线视频渠道通常是一些专门的视频网站，播放量主要通过搜索和推荐来获得，例如爱奇艺、腾讯视频、Bilibili 等平台。主观因素对视频播放量的影响是非常大的，如果视频用户获得了一个很好的推荐位，那么视频的播放量会有显著的提升。

（二）资讯客户端类渠道

资讯客户端类渠道的播放量，更多是通过平台自身的推荐机制来获得的，例如今日头条、一点资讯等。这些平台的推荐算法机制会将视频打上多个标签，并推荐给相应的用户群体，目前这种推荐机制被应用在很多平台。

（三）社交平台

社交平台可以方便结识更多相同兴趣的人，是短视频传播的重要渠道，传播性比较强，是视频发布者连接粉丝、广告主以及商务合作的通道。常用的社交平台有微信、微博、QQ 等。

（四）电商平台

近年来，电商平台逐渐成为短视频投放的新渠道，为了更好地展示产品的特性，人们通常会选择使用短视频的形式进行呈现。相对于图片而言，短视频的呈现方式省去了一部分咨询环节，有助于最终促成订单交易。因此，购买合适的产品宣传位并配以短视频推广，有助于提升产品的浏览量，并促成最终的转化。

🎯 活动评价

通过学习，小陈和团队理解了短视频推广是非常重要的环节，也熟悉了常见的短视频推广渠道，他们开始在各平台感受短视频推广的魅力。

活动二　短视频推广的方式与技巧

在了解了短视频推广的目的及推广渠道后，小陈他们想要获取更多的流量，获得更好的转化，短视频推广的方式与技巧是不得不考虑的事情。于是，小陈及短视频团队展开了学习。

👨‍💼 活动实施

一、短视频推广的方式

短视频推广的方式大体上可分为两类：免费推广和付费推广。

（一）免费推广

1. 平台间内容同步

品牌企业可以用抖音或今日头条账号申请认证通过后，平台间身份和权益同步，例如抖音短视频、今日头条等，可以实现内容的同步发布。

2. 跨平台企业矩阵构建

企业应跨平台建立自己的官方号矩阵，对不同平台进行差异化定位，策划与平台相符的内容，保持内容风格与品牌调性一致，使得不同平台用户群对品牌都有统一认知，提升品牌认知度。

3. 转发

视频发布者还可以将短视频转发至个人社交平台，增加播放量，进而增加推荐量和粉丝数。例如分享到微信朋友圈或者微博，分享的视频中会带有自己的抖音号，这样也能让更多的人了解发布者。

（二）付费推广

除了上文提到的免费推广渠道之外，各大短视频平台都会为创作者提供一些付费推广服务，帮助创作者能够在较短的时间内获得大量曝光机会。常见的推广方式有竞价广告、达人或网红推广、精准推广、作品快推等。

1. 竞价广告

短视频平台自带一些广告位，如开屏广告、信息流广告、贴纸广告等。常见的付费方式有按点击计费（CPC计费/OCPC计费）、按千次展示计费（CPM计费）、按时间段投放广告（CPT计费）三种。

2. 达人或网红推广

这种付费推广类似于名人代言，邀请达人或者网红帮助推荐抖音账号或者商品，并给其支付一定的费用。常见的付费方式有按销量提成、按植入广告付费等，这种推广方式的费用相对比较高。

3. 精准推广

随着大数据技术的成熟，各大平台的用户画像越来越精细化，为了提高广告推广的转化率，需要将广告投放给需求明确的人群。各大短视频平台借助标签技术，为用户进行多维度画像，在投放广告时，可以通过地域、投放时间段、用户群体年龄、用户性别、用户兴趣等多维度筛选目标群体，然后再进行投放。这种推广多根据推广效果付费，能够帮助创作者提高转化率。

4. 作品快推

短视频平台为创作者提供了一些快速推荐的服务，比如抖音的"Dou＋"、快手的"快推"等，可以让短视频发布后被快速推广到指定页面进行曝光。

二、短视频推广的技巧

短视频推广常见技巧有以下几种。

（一）有创意更能吸引用户

短视频由于受时长的限制，不适宜承载信息量过大的内容，品牌在做短视频营销时，需要表现出创造力、独特性和原创性，从而帮助企业吸引更多的用户。在创作题材方面，可以将产品、功能属性等融入创意，结合流行文化趋势或者当下热点，创作一些引人关注的桥段和作品。

（二）凭借社会热点话题博得关注

在如今信息大爆炸的时代，热点话题往往能够在一定时期内引起人们的关注。对于品牌来说，利用热点事件进行短视频推广是一个非常不错的选择。将短视频文案与热点话题通过某些特点结合，然后凭借热点话题的关注度来吸引观众的眼球，最终形成口碑营销，会大大提升品牌的影响力和知名度。

（三）保证内容的垂直度

保证内容的垂直度，是指创作的内容基本是在一个内容领域下。内容垂直一般有两个方面的优势：一是持续生产更有吸引力的内容；二是提高自身账号的权重，创建自身的个性特征，容易保持粉丝的黏性。

短视频推广流程与技巧

活动评价

小陈和团队体验了短视频推广的免费推广和付费推广，对短视频推广产生了浓厚的兴趣，同时对短视频推广的技巧以及流程有了更加深刻的认识，这也让他们更加坚定了学习短视频推广的信心。

合作实训

四名同学为一组，组内成员两人一组互相协作，老师将与短视频推广的渠道和方式有关的题目以PPT的形式展示，各组抢答，对答得又快又好的小组给予奖励。

任务五　直播推广

任务描述

小陈在通过短视频推广之后，流量没有达到预期效果，决定借助直播平台进行推广，以扩大产品知名度，提升销量。小陈和几名同学组成了直播团队，一起来完成这个任务。

活动一　主流直播平台及模式

小陈团队首先需要选择合适的直播平台以及直播模式，所以小陈对主流直播平台及其模式方面的知识进行了学习。

活动实施

一、主流直播平台

随着电商平台的兴起以及短视频APP的持续发展，直播逐渐成为时代风口。越来越多的品牌选择以直播的形式来打造产品影响力。根据属性划分，现阶段主流的直播平台可以分为娱乐型直播平台、购物型直播平台以及混合型直播平台。

（一）娱乐型直播平台

娱乐型直播平台的直播内容以娱乐为主，主要有游戏直播、才艺直播等，变现形式主要是观众的礼物打赏。常见的娱乐型直播平台有斗鱼、虎牙等。

（二）购物型直播平台

购物型直播平台原本就是消费者用以购物的平台，其直播功能是基于其基础模式开拓的新的商业变现模式。代表性的购物型直播平台有淘宝、京东、拼多多等。直播对于这些购物平台来说，更像是新兴的用于流量变现、促使商业闭环完整化的工具。相对于其他类型的直播平台来说，这类平台为商业变现所配套的工具更为丰富和完善，整个生态体系更为完整。

（三）混合型直播平台

混合型直播平台原本是内容短视频平台，属于衍生型的，在短视频带来的流量基础上，进一步拓宽自身业务涵盖面，开通直播功能，满足平台用户的多样化需求，这类平台的典型代表有抖音、快手等。混合型直播平台的体系内生态比前两种更为多元化，这类平台上娱乐型用户和购物型用户交织存在的情况，会给变现带来更多复杂的因素。

二、主流直播平台的模式

（一）明星代言式直播

明星代言式直播一定程度上赋予了产品的品牌形象，品牌可以借助明星自带的流量，迅速扩大在消费者心中的知名度、信任度，拉近与消费者的距离，有助于品牌打造。明星代言更多地是让消费者了解其代言的企业是做什么的、发展理念是什么、产品适合哪些人等。消费者遇到两款一样的产品时，会更倾向于选择有明星代言的那一款。

（二）IP 打造式直播

不少品牌都有自己的虚拟 IP，且经过长年的打造，具有庞大的粉丝基础，让这些 IP 进行直播，同样可以实现品牌营销的目的。例如抖音平台上有几千万粉丝的 IP 大号"一禅小和尚"是通过 MCN 机构孵化的，一禅小和尚通过写文字、出书到短视频、直播带货等形式，占据了内容商业的全链条。

（三）内容创意式直播

内容创意式直播主要是将剧情、综艺、采访等内容以直播的形式呈现，例如英菲尼迪 QX50 在抖音进行云发布会的直播，整场直播采用了"Battle Show"的模式，通过"闯关答题"，展示了 QX50 的各种技术和配置，其核心目的就是品牌曝光、与用户群体互动。随着直播推广逐步深化，内容直播的形式一定会越来越多。

（四）用户生产内容式直播

用户生产内容式直播主要是挖掘用户的潜力，让用户为产品写直播脚本，为产品做直播内容创意，甚至直接招募素人走入直播间为商家进行品牌直播。这是一种与用户共创内容、完成推广营销的直播方式。

（五）粉丝运营式直播

知名运动品牌彪马打造"彪汗客厅"系列直播，为用户带来专业的"云健身"解决方案，增加了用户的黏性和好感度，建立了与运动用户的联系，为潜在用户带来更多的价值。

除了以上几种模式的直播，还有素人直播、品牌联合直播、与粉丝连麦直播等形式，未来关于直播营销的形式会有更多。

活动评价

小陈团队领略了主流直播平台的种类以及直播的模式后，对直播推广的兴趣更加浓厚了，他们也开始尝试在主流直播平台注册账号，尝试做起了主播。

活动二　直播推广的概念及常见方式

在学习完主流直播平台及其模式的相关知识后，小陈意识到：如果要获取到更多的流量，获得更好转化，就需要了解一下直播推广的常见方式。于是，小陈和她的直播团队展开了对相关知识的学习。

活动实施

一、直播推广的概念

直播推广是通过直播后台的竞价投放，或者选择"购买直播推广"设置相应的参数，通过竞价把直播间展示在同城页或在发现页的更多位置曝光，以带来更多用户。

一场直播成功与否，很大程度上受制于推广的效果。成功的直播推广不仅能够提高直播间的观看量，更是对消费者进行产品推荐的必备环节，从而实现转化，比如销售转化、宣传转化等，在转化的过程中，让流量更加精准，转化更加高效。

二、直播推广的常见方式

直播推广的方式有很多，比如短视频推广、多平台跨界推广、个人 IP 推广、地理定位推广等，每一种推广方式适用于不同的情境。根据是否付费，我们可以将直播推广方式分为免费推广和付费推广。

（一）免费推广

1. 短视频推广

短视频推广是基于短视频营销而在直播开始前进行推广宣传的一种方式，类似于直播预告，让消费者简单了解下一场直播的主题、直播的方式、直播的特色、直播的时间与平台等，从而激发用户观看直播的兴趣。

2. 多平台跨界推广

直播推广可以通过各种自媒体渠道实现跨界推广。比如一场直播，可以在头条号、微信公众平台、网易媒体号、搜狐公众号、东方号、百家号、豆瓣、简书、知乎、微博、趣头条等自媒体平台发布直播预告信息，吸引更多的观众进入直播间。

3. 地理定位推广

市场上有很多直播 APP 带有定位功能，会有"同城"频道，在直播过程中，直播会被平台自动按照地理定位标签进行推荐，从而获取一部分同城流量。

（二）付费推广

付费推广是平台为创作者提供的直播加热工具，从而增加直播间的曝光效果。例如抖音平台进行直播时，可以直接为直播间投放"dou+"，为直播间加热。淘宝首页有专为淘宝直播搭建的首焦 pass 推广位置，商家可以通过这样的方式让更多的顾客看到自己店铺的直播间。

除以上几种推广方式外，直播推广还有游戏推广、个人 IP 推广等多种方式。

直播推广模式介绍

活动评价

小陈和他的直播团队认识到：成功的直播推广非常重要，不仅能够提高直播间的观看量，更是对消费者进行产品推荐的必备环节。同时，直播推广除了有免费推广和付费推广两种方式外，还有很多其他方式，非常有趣。

合作实训

四名同学为一组，组内成员两人一组互相协作，老师将与直播推广方式有关的题目以 PPT 的形式展示，各组抢答，对答得又快又好的小组给予奖励。

法治护航

《网络信息内容生态治理规定》（以下简称"《规定》"）经国家互联网信息办公室审议通过，于 2019 年 12 月 15 日公布，自 2020 年 3 月 1 日起施行。

《规定》明确了政府监督、企业履责、网民自律的多元化主体协同共治的治理模式，为网络时代净化空间家园提供了良好的保障。

《规定》将"网络信息内容生态治理"定义为：政府、企业、社会、网民等主体，以培育和践行社会主义核心价值观为根本，以网络信息内容为主要治理对象，以建立健全网络综合治理体系、营造清朗的网络空间、建设良好的网络生态为目标，开展的弘扬正能量、处置违法和不良信息等相关活动。

《规定》明确了政府、企业、社会、网民等主体多元参与协同共治的治理模式。事实上，网络信息内容生态是由多种文明要素组成的系统，这些要素主要包括网络主体、网络信息、主体行为、技术应用、基础设施保障、网络政策法规和网络文化等方面。在参与网络生态治理的四大主体中，政府的作用是监管、企业的义务是履责、社会的功能是监督、网民的义务是自律。

《规定》明确了网络群组、论坛社区版块的建立者和管理者应当履行管理责任，依法依约规范群组、版块内信息发布等行为；网络信息内容服务使用者和生产者、平台不得开展网络暴力、人肉搜索、深度伪造、流量造假、操纵账号等违法活动。

《规定》明确了网络信息内容生产者禁止触碰的十条红线。若网络信息内容生产者违反规定，网络信息内容服务平台应当依法依约采取警示整改、限制功能、暂停更新、关闭账号等处置措施，及时消除违法信息内容，保存记录并向有关主管部门报告。

《规定》要求网络信息内容生产者应当采取措施，防范和抵制制作、复制、发布含有劣迹、血腥、低俗等不良信息的内容；同时，《规定》要求网络信息内容服务使用者、网络信息内容生产者和网络信息内容服务平台共同营造良好网络生态，不得实施侮辱、诽谤、威胁、散布谣言等禁止性规定。

《规定》要求各级网信部门会同有关主管部门，建立健全信息共享、会商通报、联合执法、案件督办、信息公开等工作机制，协同开展网络信息内容生态治理工作。

《规定》要求各级网信部门建立网络信息内容服务平台违法违规行为台账管理制度，并依法依规进行相应处理。网络信息内容服务平台违法违规行为台账管理制度是对平台企业的一项重要管理制度，反映和记载了平台内各类违法违规的行为和内容以及其分布区域和数量的动态情况等，为网络主管机构实施信息内容监管提供了有力的事实和证据。

从整体上看，《规定》体现了国家在网络信息内容生态治理领域的主权价值取向，展示了网络空间的自由和秩序、开放和自主、管理和服务的辩证关系，重点突出了网络信息内容生态治理的统筹与协调。随着《规定》的正式实施，我国网络信息内容的生态治理将正式纳入法治轨道，并将依法形成治理合力。

项目总结

从狭义上讲，网络推广是指基于互联网采取各种手段进行的宣传推广等活动，以达到提高品牌知名度的效果。与传统广告一样，网络推广的目的是增加自身的曝光度以及对品牌进行维护。

与搜索引擎、微博、微信、论坛等网络推广方式相比，邮件推广、SNS推广、O2O推广、短视频推广、直播推广更注重用户信任度和用户黏度。邮件推广成本低廉、受众面广，但成效略低；SNS推广强调社交服务，形式新颖，受到年轻用户（尤其是大学生）的欢迎；O2O推广是线上线下的衔接，注重面对面服务与体验，用户黏度高；短视频推广形式更加形象，注重内容的趣味性；直播推广是近年来深受用户喜爱的一种推广方式，用户与主播能够实时互动，更深入地了解所推广的商品或服务。

不同的产品（服务）、不同的受众群体，应该选择不同的网络推广方式。

项目检测

一、单选题

1. 下列关于邮件推广的说法，正确的是（　　）。

A. 不可以通过邮件进行营销类宣传

B. 可以发送垃圾邮件

C. 邮件发送完成之后，不需要进行效果评估

D. 邮件内容应比较直观、排版清晰

2. 新零售体验式营销的核心是（　　）。

A. 提供极致的顾客体验

B. 销售打破了时间、空间的限制

C. 可以让顾客直观、全面地了解产品

D. 注重商品本身的价值

3. 下列短视频推广方式中，属于付费推广的是（　　）。

A. 平台间内容同步　　　　　　　　B. 跨平台企业矩阵构建

C. 作品快推　　　　　　　　　　　D. 转发

4. 下列选项中，不属于美团官网开店要求的是（　　）。

A. 有线下实体店铺

B. 有个人资产证明

C. 有经营资质

D. 产品品类在美团支持的经营项目之中

5. 下列直播推广中，属于地理定位推广的是（　　）。

A. 直播 APP 的"同城"频道　　　　B. 直播加热工具

C. 微信公众平台推广　　　　　　　D. 微博推广

二、多选题

1. 邮件推广的步骤包括（　　）。

A. 确定邮件推广的任务和目的　　　B. 建立邮件列表

C. 确定邮件推广工具　　　　　　　D. 邮件内容排版

2. 下列关于新零售的说法，正确的是（　　）。

A. 使购物打破了时间、空间的限制

B. 利用大数据精准触达目标消费者

C. "线上＋线下"全面融合、实时互通

D. 以消费者体验为中心

3. 常见的短视频推广渠道包括（　　）。

A. 在线视频渠道　　　B. 资讯客户端　　　C. 社交平台　　　D. 电商平台

4. 下列直播平台中，属于购物型直播平台的是（　　　）。

A. 斗鱼　　　　　　　B. 淘宝　　　　　　C. 拼多多　　　　D. 虎牙

5. 下列选项中，属于短视频推广技巧的是（　　　）。

A. 内容具有创造力、独特性和原创性

B. 凭借社会热点话题博得关注

C. 持续生产有吸引力的内容

D. 提高自身账号的权重

三、判断题

1. 无论邮件发送规模大小，都应该借助专业的邮件发送平台来发送。（　　　）

2. SNS 专指旨在帮助人们建立社会性网络的互联网应用服务。（　　　）

3. 新零售是以产品为中心的数据驱动的泛零售形态。（　　　）

4. 短视频推广包括免费推广和付费推广。（　　　）

5. 斗鱼、虎牙等平台是常见的娱乐型直播平台。（　　　）

四、论述题

在互联网、大数据、人工智能等技术影响下，传统零售模式已开始向"线上线下＋大数据＋人工智能"的新零售模式转变。请你根据所学知识，并查阅相关资料，简要论述新零售的发展现状和趋势。

▶ 情境引入

安迪尔是一家专门销售女包的公司，所销售的女包品质优良，在国内外市场上均有较大销量。公司负责人想通过网络扩大销售渠道，于是分别进驻了淘宝、京东、速卖通和亚马逊，但是业绩却一般，因此公司特意成立了电商部门，专门做电商平台推广。嘉伟是电子商务专业的中职毕业生，在安迪尔公司工作了两年多，并被公司负责人委以重任，担任电商部门的负责人，接下来他需要和他的团队成员一起用所学过的知识开拓网上渠道。

▶ 项目目标

📖 知识目标

➢ 掌握国内电商平台常用的推广类型。

➢ 掌握国外电商平台常用的推广类型。

🔧 能力目标

➢ 会在淘宝、京东、速卖通和亚马逊等平台上进行推广操作。

➢ 学会团队合作、成员分工以及沟通。

✒ 素养目标

➢ 了解市场上违规的网络推广案例，再次理解规范推广的重要性，从而指导电商平台推广具体工作。

任务一　国内电商平台推广实战

▶ 任务描述

经过讨论后，嘉伟与团队成员一致决定先从国内的淘宝和京东这两个规模较大的网络购物平台入手进行产品推广。根据安迪尔淘宝店和京东店铺的经营情况，嘉伟与团队成员决定先分析调查这两大平台所属的推广类型，再分析各推广类型的特点，最后汇总，制订出适合本公司的平台推广方案。

活动一　体验淘宝平台推广

嘉伟与他的团队在网上查询相关资料，在淘宝卖家后台了解了各大推广工具后，通过对比，寻找适合自己公司使用的推广工具，最后选出一名代表总结团队成果。

 **活动实施**

一、淘宝平台常见的推广类型

打开淘宝，进入千牛商家工作台，点击网页左边菜单的"营销"或"推广"，进入淘宝平台推广页面。具体如图 6-1 所示。

图 6-1　淘宝平台推广页面

淘宝平台的推广类型主要有：直通车、阿里妈妈引力魔方、淘宝客、聚划算、天天特卖、试用中心、淘金币、无线手淘活动、优惠券等。其中，常用的营销工具是直通车、阿里妈妈引力魔方和淘宝客。

二、各种推广工具的特点

不同的推广工具有不同的准入条件和相应的营销效果，网络推广人员要根据公司的预算和所要达到的效果，寻找适合自己店铺使用的营销工具。

（一）直通车

淘宝直通车是为淘宝卖家量身定制的按点击付费的效果营销工具，能够为卖家实现宝贝的精准推广。淘宝直通车具有热门位置、免费展现、精准锁定潜在用户的优势，是淘宝卖家广泛使用的推广工具。

1. 直通车工作原理

直通车的工作原理是：卖家在直通车后台设定与推广商品相关的关键词和出价，在用户搜索相应关键词时，推广的商品获得展现和流量，实现精准营销。比如，你为一款儿童鞋商品在直通车后台设置了一个精准的关键词"儿童鞋"，并设置一个点击单价后，淘宝用户在淘宝平台搜索"儿童鞋"时，这款宝贝就有机会出现在直通车的展位上，让用户看到后点击购买。这个产品展现原理保证了搜索该关键词的用户都是拥有精准需求的潜在客户。

直通车的排名是根据"出价分＋质量分"得出的，其中出价分是根据卖家愿意支付的每次点击价格确定的，卖家的价格设定得越高，排名越靠前；质量分是根据基础分、创意效果、相关性和用户体验等综合得出的，质量分非常重要，高的质量分能让卖家用更少的投入获得更好的排名。

2. 直通车扣费公式

直通车的扣费是按照点击扣费，公式为：

单次点击扣费＝（下一名出价×下一名质量分）/本人质量分＋0.01元

当公式计算得出的金额大于出价时，将按卖家的实际出价扣费。

3. 直通车的展现位置

直通车的展位分为 PC 端展位和无线端展位。其中 PC 端展位有：

（1）搜索结果页左侧带有"掌柜热卖"标签的位置，如图 6-2 所示。

（2）关键词搜索结果页右侧掌柜热卖位置，如图 6-2 所示。

图 6-2　直通车 PC 端展位（左侧、右侧）

（3）关键词搜索结果页底部掌柜热卖位置，如图 6-3 所示。

图 6-3 直通车 PC 端展位（结果页底部）

直通车无线端的展位有：

（1）关键词搜索结果页首屏第一个展位，如图 6-4 所示。

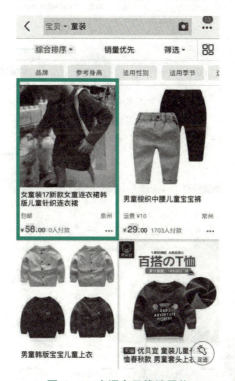

图 6-4 直通车无线端展位

（2）关键词搜索结果页每隔几个宝贝有一个展位，具体要根据手机设备而定，如表 6-1 所示。

表 6-1　不同手机设备的直通车展位分配情况

移动设备型号	直通车无线端展位	含义
iOS	1+5+1+5+1+10+1…	每隔 5 个或 10 个宝贝有 1 个展位
Android	1+5+1+5+1+10+1…	每隔 5 个或 10 个宝贝有 1 个展位
WAP	1+20+2+20+2…	每隔 20 个宝贝有 2 个展位

（二）阿里妈妈引力魔方

阿里妈妈引力魔方是超级推荐全新升级版本，是融合了"猜你喜欢"信息流和焦点图的全新推广产品。原生的信息流模式是唤醒消费者需求的重要入口，全面覆盖了消费者购前、购中、购后的消费全链路；焦点图锁定了用户进入淘宝的第一视觉，覆盖了淘系全域人群。通过两者的有机结合，同时基于阿里巴巴大数据和智能推荐算法，帮助店铺挖掘潜在目标消费者，激发消费兴趣，高效拉新，强效促转化，完成营销闭环，提升店铺整体流量，促进店铺订单增加。

打开淘宝，进入千牛商家工作台，点击"推广"，然后点击页面右下角的"引力魔方"（见图 6-5），进入阿里妈妈引力魔方后台（见图 6-6）。

图 6-5　点击"推广"—"引力魔方"

图 6-6　阿里妈妈引力魔方后台

（三）淘宝客

淘宝客是一种按成交计费的推广模式，也指通过推广赚取收益的一类人。淘宝客只要从淘宝客推广专区获取商品代码，任何用户（包括淘宝客自己）经过淘宝客的推广（链接、个人网站、博客或者社区发的帖子）进入淘宝卖家店铺完成购买后，淘宝客就可得到由卖家支付的佣金。简单来说，淘宝客就是帮助卖家推广商品并获取佣金的人。

淘宝客支持按单个商品和店铺推广的形式，卖家可以针对某个商品或者店铺设定推广佣金。佣金可以在 0.1%～90% 的设置范围内任意调整，较高的佣金设置将会受到更多推广者的青睐。

淘宝客推广展示存在于我们日常生活的各种网站中，网易、优酷、酷狗音乐等平台上都有淘宝客推广的展示。图 6-7 右边所示的广告就是淘宝客在站外推广的展示位。

图 6-7　淘宝客展示位

卖家加入淘宝客的方法有两种：第一种是通过阿里妈妈首页（www.alimama.com）登录；第二种是通过卖家中心加入淘宝客，步骤是打开淘宝首页，进入"卖家中心"，在左边菜单栏依次点击"营销"—"更多"—"我要推广"，即可找到淘宝客推广入口。具体如图 6-8、图 6-9、图 6-10 所示。

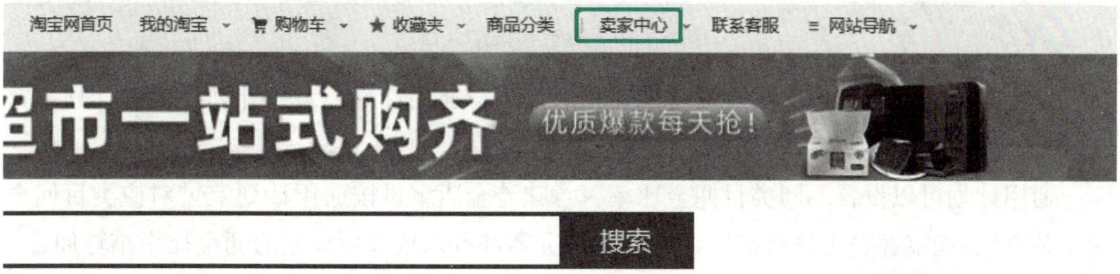

图 6-8　卖家中心

图 6 - 9　点击"营销"—"更多"—"我要推广"

图 6 - 10　淘宝客推广入口

卖家需要在淘宝客推广后台设置四类推广计划：通用计划、营销计划、定向计划和自选计划，如图 6 - 11 所示。

通用计划可以设置不同类目佣金比率（意味着全店宝贝按通用计划宝贝对应类目佣金比率结算）。淘宝客自主进行推送，所有的淘宝客都可以按通用计划的佣金比率结算佣金。

营销计划是单品推广的计划，卖家可以自主选择想要主推的商品，设置推广时间和佣金比率，佣金比率要求比通用计划设置得高一些。

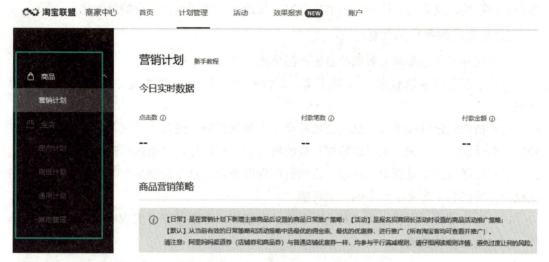

图 6-11　淘宝客推广后台设置

定向计划是卖家根据自己店铺的实际情况制订的个性化的淘宝客计划。该计划可以邀请某些淘宝客参加，一般设置佣金比率比通用计划的要高。只有审核通过的淘宝客才会按定向计划的佣金比率结算。除了一个通用推广计划外，卖家可以设置最多 30 个定向推广计划。

自选计划是店铺中设置为公开自动审核定向计划的升级计划。该计划是为商家管理淘宝客而量身定制的新计划。通过自选计划，商家可以吸引优质淘宝客推广店铺的商品，并追踪他们的成交效果。

活动评价

嘉伟经过与团队一起收集资料和学习，对淘宝平台的三种推广工具类型和相关注意事项有了初步了解，收获颇多，接下来他们开始着手学习京东平台的推广。

活动二　体验京东平台推广

在完成对淘宝平台推广工具的分析后，嘉伟与他的团队又开始收集材料来学习京东平台的推广工具。他们通过对比，寻找适合自己公司使用的推广工具，最后选出一名代表总结团队成果。

活动实施

一、京准通概况

（一）京准通的定义

京准通是京东集团旗下的营销推广平台。依托京东集团的大数据优势，京准通可以为客户提供精准、高效的一体化营销解决方案，帮助客户实现营销效果的最大化。

（二）京准通平台的优势

京准通基于京东集团大数据的营销产品体系，具有以下优势：

（1）京东集团品牌优势。品类丰富、正品行货、物流配送快是京东最独特的品牌优势。

（2）精准锁定目标受众。京准通依托京东大数据优势，通过多维度的定向功能，精准锁定目标受众，让广大商家可以根据自身的情况和经营目标，自由选择营销推广组合。

（3）最优质的流量资源。通过与腾讯资源深度整合，京东购物平台与腾讯社交平台完美结合，为广告主带来了更多的营销可能。

（4）操作简便，同步优化。利用京准通，卖家用一个账号即可实现所有营销产品的操作，随时监控全网投放。

二、京准通产品介绍

京准通平台上主要有四种推广产品：京东展位、京东快车、京东直投和京挑客。

（一）京东展位

京东展位汇聚京东站内首页焦点图等黄金资源位，能帮助商家获得优质流量与海量曝光机会，满足活动/店铺/商品的曝光需求，是一款满足商家多场景、高质量营销推广诉求的广告产品。

（二）京东快车

京东快车是基于京东站内推广的实时竞价类广告营销产品。通过对搜索关键词或推荐广告位出价，将商家的推广商品、活动或店铺展示在京东站内丰富的广告位上。精准的定向工具及智能化的出价工具能为商家打造个性化的营销方案，将目标人群和潜在用户高效率地一网打尽。

（三）京东直投

京东直投覆盖主流媒体资源和移动资讯资源，是一站式流量采买平台，囊括了腾讯、头条、百度、快手等海量媒体，同时支持多种出价模式投放，降低广告主在不同媒体投放的成本，帮助广告主抢占新资源流量红利，助力商业成功。

（四）京挑客

京挑客是一款推客联盟合作推广，按照实际成交额计费的站外广告投放工具，即京东与第三方媒体合作，由第三方媒体选择商家商品信息并在自己的平台上进行推广，最终为商家带来销售。此推广产品按 CPS 进行结算，即商品成交后再由商家支付相应的广告费用。

三、京准通广告位展现位置

（一）京东展位

京东展位主要包括京东首屏 banner、"我的京东"页面底部 banner 及一级类目 banner

等，如图 6-12 和图 6-13 所示。

图 6-12 京东展位（1）

图 6-13 京东展位（2）

（二）京东快车

京东快车的广告位主要分为商品推广展位、活动推广展位和店铺推广展位，具体如图 6-14 所示。

商品推广展位包括搜索结果页（PC 端、京东 APP、微信及手机 QQ 购物、关键词搜索结果页的广告位，右下角标注"广告"字样）和推荐广告位（首页推荐位、商品详情页推荐位、订单详情页推荐位等）。

活动推广展位包括搜索结果页和三级类目列表页。

店铺推广展位包括京选店铺和腰带店铺。

（三）京东直投

京东直投是一款拥有优质资源的付费引流产品，用来挖掘海量站外媒体优质资源，通过购物行为精准定向，从而让商家获取更多优质用户。

用户可以在腾讯资源（涵盖 PC、无线端平台资源，日活用户超 10 亿，覆盖微信、手机 QQ）、头条资源（累计激活用户高达 7 亿，抖音短视频流量超过 30 亿）、百度资源（已接入手机百度、贴吧两大核心优质渠道，有超过 10 亿的优质流量）、京 X 资源（京 X 联

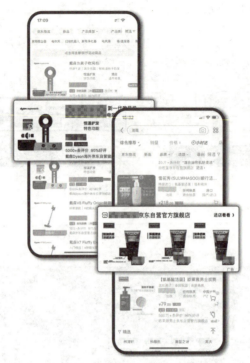

图 6-14 京东快车广告位

盟类流量引入超过 60 亿）、快手资源（日活用户超过 3 亿，用户日使用时间超过 60 分钟）等多个优质资源位看到京东的广告。京东直投在微信、抖音、手机百度、微博、快手的展位如图 6-15～图 6-19 所示。

图 6-15 京东直投在微信的展位

图 6-16 京东直投在抖音的展位

图6-17 京东直投在手机百度的展位

图6-18 京东直投在微博的展位

图6-19 京东直投在快手的展位

（四）京挑客

京挑客是京东与第三方媒体合作，由媒体选择商家商品信息在自己的资源上进行推广，为商家带来销量的模式。

用户可以在今日头条、抖音、快手、哔哩哔哩、斗鱼、知乎、新浪微博、喜马拉雅、全民 K 歌、懒人听书、京粉、芬香、蜜源、好省、东东来啦、值得买、堆糖、美柚、QQ 浏览器、全球购骑士卡、识货等多个媒体上看到京挑客推广的广告展位，如图 6 - 20 所示。

图 6 - 20　京挑客第三方媒体的展位

淘宝平台推广方式介绍

🎯 活动评价

嘉伟与团队的其他成员一起对京准通进行了研究，了解了京准通的四种推广产品，也学习了各种推广产品的广告展示位，收获颇多，接下来他们着手进行总结，并将做好的产品推广计划提交给了公司负责人。

合作实训

将全班同学分成若干个小组，每个小组为一个推广团队，选出组长。由组长带领组员挑选出所学的一种国内电商平台推广工具进行深入研究。研究内容包括推广工具的加入要求、使用范围、展位分布情况以及操作步骤，并且做成 PPT 向全班同学展示。

任务二 跨境电商平台推广实战

▶ 任务描述

经过学习，嘉伟的团队在国内电商平台成功推广了安迪尔产品，在提高销售业绩之后，他们着手分析总结跨境电商平台速卖通和亚马逊平台的推广方式。最后根据店铺的销售情况，选择最适合安迪尔产品的推广方案。

活动一 体验速卖通平台推广

嘉伟了解到营销活动对店铺的推广起着关键的作用后，他打算在速卖通卖家后台了解各大推广工具，寻找适合自己公司使用的推广工具。在仔细阅读了各种营销活动的规则和作用后，他打算参与速卖通平台活动，以提升店铺曝光率和销量。

📍 活动实施

一、速卖通营销活动概况

登录速卖通卖家后台，点击"营销活动"，在快速入口可以看到平台的各种营销活动，主要有平台活动、店铺活动、联盟营销和速卖通直通车，如图 6-21 所示。每种营销活动都有不同的特点、作用和效果，店铺的运营人员可根据公司的预算和店铺经营情况，选择适合自身的营销活动。

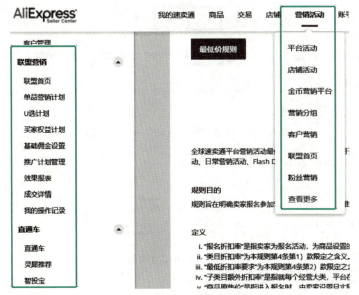

图 6-21 速卖通营销活动

（一）平台活动

通过参加速卖通的各种活动，增加店铺曝光度，提升店铺销量。报名参与平台活动，卖家可获得对应活动的展示流量坑位及订单。大促期如"双11"时，网站会在全球主要社交渠道做整体站外推广，以获得更多流量关注。

（二）店铺活动

卖家在店铺内自主设置的让利折扣、店铺优惠券/码、满减等，主要通过单品折扣、满减活动和店铺优惠券三种形式，调动顾客购买欲望，提高客单价，刺激用户下单，并为店铺引流。

（三）联盟营销

以成交付费的方式，提升独立访客数量，快速提升店铺流量，为店铺推广引流。

（四）速卖通直通车

以预付费的方式，推新款，打爆款，提排名，提升店铺销量。

二、速卖通平台活动

（一）平台活动报名步骤

（1）登录速卖通卖家后台，点击"营销活动"—"平台活动"，如图 6 - 22 所示，并选择活动进行报名。

图 6 - 22　点击"营销活动"—"平台活动"

（2）点击"立即报名"，如图 6 - 23 所示。

测试活动-test-店铺的优惠券4	Flash Deals	2019-07-29 06:04:00 2019-08-26 00:00:00	2019-08-27 00:00:00 2019-09-03 00:00:00	未报名	立即报名
测试活动-test-店铺的优惠券3	Flash Deals	2019-07-29 06:00:00 2019-08-26 00:00:00	2019-08-27 00:00:00 2019-09-03 00:00:00	未报名	立即报名

图 6 - 23　点击"立即报名"

（3）选择商品与设置折扣，添加要报名活动的商品，并设置活动基本信息，包括活动图片、折扣率及库存、每人限购数量等，如图6-24所示。

图6-24 选择商品与设置折扣

（4）设置完毕后，点击"全部提交报名"按钮，等待平台审核。

（二）平台活动报名资质说明

不同平台的活动要求不同，卖家可在"不符合资质原因"处查看是哪项不符合要求。

常见的不符合资质原因如下：

（1）包邮国家。建议卖家查看活动描述中的包邮国家要求，检查运费设置。

（2）5天上网率。查看路径："生意参谋"—"物流概况"—"物流时效"—"5天上网率"。该数据有2～3天同步时间。

（3）DSR商品描述。同步商品服务分考核处，数据有1～2天延迟。

（4）商家一级主营类目。说明店铺主营类目与活动要求不一致，建议核对活动要求。

（5）跨店满减。部分大型促销如"双11"等，要求商家设置跨店满减后再进行平台活动报名，具体门槛规则大促招商规则会有说明。

（6）商家群体范围。建议核对活动对于商家群体的要求，有部分活动商家群体范围必须属于/不属于银牌卖家或金牌卖家。

（7）备货期不符。建议卖家查看商品备货期，如果修改过，修改后需要2天才能同步到活动报名页面。

（8）近30天全球销量。同步近30天内支付成功的订单，数据有1～2天延迟。

（9）90天好评率。90天好评率统计存在一定的时差，取的是前2天的数据，所以最近3天内的订单是不计入的，建议卖家过两天再查看。

（10）新品。活动有时会对是否新发商品有资质要求，如果老品提示是新发、新修改，一般是因为商家近期编辑过商品，建议商家在编辑商品提交完成24小时之后再去报名。

三、店铺活动

（一）单品折扣

1. 单品折扣介绍

单品折扣是单品级的打折优惠，是原全店铺打折和店铺限时限量工具结合的升级工具，用于店铺自主营销。

单品折扣是店铺营销最直接的手段，会有明显标识，比如商品主图折扣标识、商品详情页优惠折扣明显标识、全链路优惠氛围，刺激用户购买转化；同时，它也是最直接有效的店铺、单品营销手段，是店铺快速推出新品、打造爆品的必备工具。

2. 店铺级单品折扣说明

（1）单品折扣活动可以即时生效，也可以设定特定时间生效；快速设置，定点预热，实时调整。

（2）不能提价再打折，那样做会影响该产品搜索排名；卖家应提前规划，合理定价。

（3）结合直通车、联盟营销等付费引流效果会更好。

（4）活动进行中允许操作新增和退出商品（无需暂停活动），且实时生效。

（5）支持单个商品设置粉丝或新人专享价。

3. 单品折扣活动设置入口

登录速卖通商家后台，点击"营销活动"—"店铺活动"—"单品折扣活动"，如图 6-25 所示。

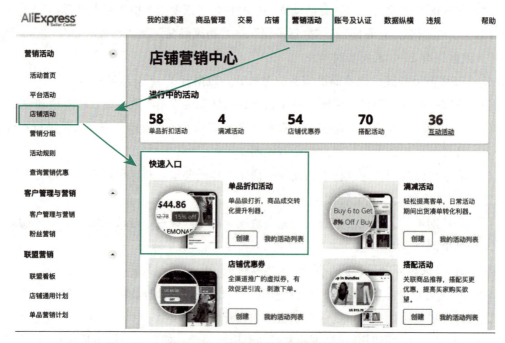

图 6-25　单品折扣活动设置入口

（二）满减活动

满减活动包括满立减、满件折、满包邮三种活动类型。满减活动设置入口：登录"我的速卖通"，点击"营销活动"，在"店铺活动"选择"满减优惠"，点击"创建活动"，如图 6 - 26 所示。

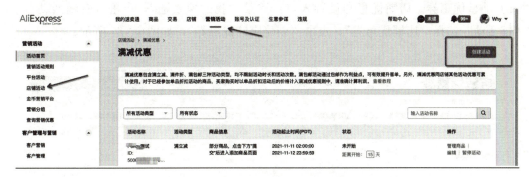

图 6 - 26　满减活动设置入口

1. 满立减

满立减活动是一款店铺自主营销工具，只要卖家开通速卖通店铺即可免费使用。卖家可以根据自身经营状况，对店铺设置"满 X 元优惠 Y 元"的促销规则，即订单总额满 X 元，用户付款时则享受 Y 元优惠扣减。

需要注意的是，满立减的优惠是与其他店铺活动优惠叠加使用的，对于已经参加折扣活动的商品，用户购买时以折扣后的价格计入满立减规则中。所以，卖家同时使用打折工具和满立减工具时，一定要计算清楚自己的利润。

2. 满件折

满件折活动是一款店铺自主营销工具，只要卖家开通速卖通店铺，即可免费使用。卖家可以根据自身经营状况，对店铺设置"满 X 件优惠 Y 折"的促销规则，"满 X 件优惠 Y 折"，即订单总商品满足 X 件数，用户付款时则享受 Y 折优惠，卖家无需修改价格。

满件折的优惠是与其他店铺活动优惠叠加使用的，对于已经参加折扣活动的商品，用户购买时以折扣后的价格计入满件折规则中。所以，卖家同时使用打折工具和满件折工具时，一定要计算清楚自己的利润。

3. 满包邮

满包邮是通过包邮作为利益点，有效提升客单价。卖家可以根据自身经营状况，对店铺设置"满 N 元/件包邮"的促销规则，用户下单时，若是订单总价款/件数超过了设置的 N 元/件，在用户付款时，在指定的地区范围内，系统自动减免邮费。

（1）设置规则：同一展示时间内，针对同一种商品，仅支持设置一种包邮活动。比如 1 月 10 日—1 月 11 日，可同时设置针对西班牙、美国，满 US＄100 免中国邮政小包邮费。

（2）展示规则：单个商品已经设置某种物流方式的包邮时，不传递营销包邮活动。比如 A、B、C 三种商品同时设置了针对美国参与满 500 美元 UPS 包邮，而且 A 商品单个参与邮政小包包邮时，A 商品 detail（详情）不显示包邮活动，B、C 商品 detail 显示包邮活动。

（三）店铺优惠券

店铺优惠券用于店铺自主营销，卖家可以通过多种渠道进行推广，通过设置优惠金额和使用门槛，刺激转化提高客单价。卖家常用的优惠券有领取型优惠券、定向发放型优惠券和互动型优惠券。店铺优惠券设置入口：登录"我的速卖通"，点击"营销活动"，在"店铺活动"选择"店铺优惠券"，点击"创建店铺优惠券"，如图6-27所示。

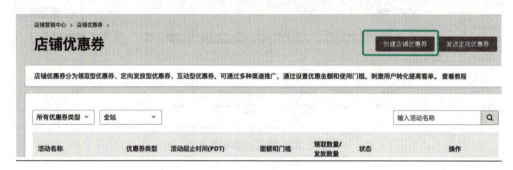

图6-27　店铺优惠券设置入口

1. 领取型优惠券

领取型优惠券可在各种渠道发放，用户获取后到店购买使用，是店铺引流、转化、拉新的有效手段。

2. 定向发放型优惠券

定向发放型优惠券是针对指定用户发放的优惠券，凡是与卖家店铺有过交易、加过商品到购物车或者Wish List的用户都可作为定向发放对象，用于人群定向营销。卖家只需简单操作便可利用优惠券实现新老用户的主动激活维护。定向发放型优惠券分为直接发放型优惠券和二维码发放型优惠券两种。

（1）直接发放型优惠券。

直接发放型优惠券是指由卖家直接发放给客户的优惠券。建议卖家结合营销邮件给予用户优惠券，刺激用户前来下单。这种优惠券需要指定有效期，即优惠券只能在设置的使用时间内使用，其他时间不可使用。

（2）二维码发放型优惠券。

二维码发放型优惠券即给予用户的是二维码，这种类型的优惠券建议卖家可以搭配在发送给客户的包裹中，用户通过扫码领取优惠券。考虑到物流时间的影响，卖家需要合理设置优惠券的使用结束时间，尽可能减少用户收到货之前已经无法领取店铺优惠券的情况。

3. 互动型优惠券

互动型优惠券分为金币兑换优惠券、秒抢优惠券、聚人气优惠券三种类型。

（1）金币兑换优惠券。

金币兑换优惠券用于AliExpress APP的金币频道。AliExpress无线金币频道是目前手机 APP 上高流量、高黏度频道。频道中包括了各类游戏的玩法和红包优惠，吸引着全球用户回访和转化。作为一个大流量的营销平台，卖家可以通过设置店铺 Coupon（促销）或者报名参加金币兑换商品活动，通过金币频道吸引更多高黏度的用户到自己的店铺里。

用户在金币频道内，通过签到或者游戏获取金币，进而通过金币来兑换相应的权益，金币频道活动如图 6-28 所示。

图 6-28　金币频道活动

需要注意的是：金币兑换优惠券默认商品使用范围为全部商品；金币兑换的优惠券使用条件是必须为 1∶3 以下，即 Coupon 订单金额/Coupon 面额≤3，例如优惠券面额为10，那么优惠券订单门槛最高为 30，最低不限。

（2）秒抢优惠券。

秒抢优惠券是通过无门槛的大额店铺优惠券吸引用户到店，可有效提高用户的活跃度。秒抢优惠券是平台发起、商家参与的活动，该类活动不会主动在店铺中呈现，会在平台活动中不定时获得曝光。

（3）聚人气优惠券。

聚人气优惠券是用户通过人传人的形式快速给店铺带来新流量，用户分享、邀请其他用户帮其领取，即可获得此店铺优惠券。聚人气优惠券是平台发起、商家参与的活动，因此该类活动不会主动在店铺中呈现，会在平台活动中不定时获得曝光。

需要注意的是，聚人气优惠券的使用范围为全部商品。

特别提示：平台活动如果要求设置秒抢优惠券以及聚人气优惠券，则有详细的要求。不论是聚人气优惠券还是秒抢优惠券，用户可以同时领取多张，但是在下单时一次只能使用其中的一张。卖家应该合理地计算店铺利润，才能获得较好的流量和转化效果。

四、联盟营销

（一）联盟营销概况

速卖通联盟是帮助商家做站外推广引流的营销产品，按成交计费（CPS），即若有用户通过联盟推广的链接进入店铺购买商品并交易成功，商家此时才需要支付佣金。

联盟营销的优势如下：

（1）免费曝光，成交收费。联盟推广按照成交计费，只有用户购买了商品，卖家才需要支付费用，不需要卖家先充值，卖家也不需要前期投入资金。

（2）费用可控，效果可见。卖家可自主选择推广的商品和设置不同比例的佣金，预算灵活可控；推广后效果清晰可见，为店铺带来多少流量、流量转化了多少订单、预计要支付多少费用，都清晰可查。

（3）海量用户，精准覆盖。加入联盟的商家可获得在不同国家、不同 APP、不同社交或导购网站等站外渠道的海量推广资源，提升店铺销量及市场占有率。

（二）联盟展示规则

加入联盟推广后，商品会在站内和站外进行展示。

（1）站内基于联盟阵地 best.aliexpress.com 展示商品。该阵地是站外渠道引流到速卖通后在站内的流量承接阵地。用户可以在该阵地上按照关键词、类目搜索商品，系统会基于用户的浏览历史和采购行为千人千面地展示和推荐商品，该页面只展示联盟商品。联盟站内展示如图 6-29 所示。

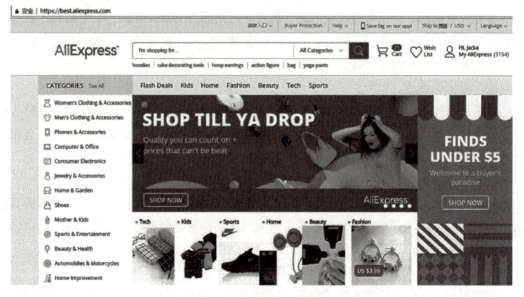

图 6-29 联盟站内展示

（2）站外展示。商品有可能在如下合作渠道上展现：全球性的网络、区域性的网盟、本地的媒体。

全球性的网络如 Google 等搜索引擎、Facebook 等社交网站、YouTube 等视频网站。

区域性的网盟类似于某区域的流量一级代理。如俄罗斯的 Admited、欧洲的 Awin 等。

在流量的一级分销商的下游就是本地的垂直媒体。本地的垂直媒体又可以分为几个小块：导购类的网站，如 slickdeals、groupon 等；返现类的站点，用户要买某一款商品之前到这些网站搜索，会发现有不同的让利；测评或内容类的网站，类似小红书，这类网站把使用商品的经历转换成软文以引导交易；比价类网站，买家搜某款商品可以看到不同平台、不同商家的价格；社群和网红渠道，比如微信、TikTok 等。

（三）联盟的加入和退出

1. 加入联盟

加入操作路径和步骤：登录速卖通后台，点击"营销活动"—"联盟营销"，阅读服务协议，点击确认已阅读并同意服务协议，如图 6-30 所示。

图 6-30 联盟加入

申请加入联盟暂时没有门槛，所有商家都可以通过联盟进行推广。申请加入后店铺的所有商品都会通过联盟推广，商家可以针对部分重点推广的商品去设置更高的佣金。

2. 退出联盟

退出操作路径和步骤：点击链接：https：//afseller. aliexpress. com/affiliate/exit. htm，选择"退出联盟营销"后点击"确定"即可。如图 6-31 所示。

退出生效：自卖家操作后第二天 0 时起，联盟为卖家进行的推广会失效。对于退出生效后用户所产生的订单，卖家不需要支付佣金。

退出限制：加入联盟推广 15 天后，卖家才可以申请退出；退出联盟推广之日起 7 天后卖家才能重新加入联盟推广。

退出状态确认：登录速卖通商家后台，点击"营销中心"—"联盟营销"，如果看到加入联盟的界面，则说明已退出；如果看到"联盟看板"，则需要重新操作。

图 6 - 31　退出联盟

五、直通车

（一）直通车

1. 直通车概况

速卖通直通车是阿里巴巴全球速卖通平台为卖家量身定制的、按点击付费的推广营销工具，能帮助卖家快速提升店铺流量。当用户搜索商品关键词时，卖家可以通过关键词实时竞价，以提升商品信息的排名，通过大量曝光商品来吸引潜在用户。简单来说，速卖通直通车就是主动获取精准流量的营销工具。

2. 直通车的特点

（1）全品覆盖。店铺内所有在线商品都可以任意推广，推广商品可以出现在关键词搜索页及底部推荐位。

（2）海量选词。所有和商品相关的词都可以添加推广，包括系统推荐词、用户热搜词、自创组合词等。

（3）免费曝光。让推广商品免费获得更多让用户看到的机会，点击后才需付费。

（4）快推新品。让新产品排位靠前，快速吸引用户关注。

（5）打造爆款。让畅销商品占领所有相关关键词前列。

（6）店铺品牌。通过商品排位靠前及海量曝光，快速提升全店铺曝光及品牌知名度。

3. 直通车展位

目前直通车分为 PC 端和移动端，展位如图 6 - 32 所示。

PC 端的推广位在主搜页和搜索页底部的智能推荐位。PC 主搜页中，60 款商品为一页，直通车推广位从第 5 位起，每隔 4 个有一个直通车推广位，即第 5、10、15、20、25、30、35、40、45、50、55、60 位。移动端的推广位含 APP 端和手机网页端，20 款商品为一页。移动端 APP 推广位上线混排功能，即固定推广位变为动态推广位，最高可抢到搜索结果页首页第 2 位。直通车展位会随着商品的更新变化有所调整，具体以实际展示为准。

图 6 - 32　直通车展位

（二）灵犀推荐

灵犀推荐是一款覆盖了全球速卖通站内购前、购中、购后多个场景的推荐广告产品，如图 6 - 33 所示。灵犀推荐以个性化推送的方式向合适的用户推送商品，并按照点击扣费，所覆盖的推荐场域瞄准了消费者"边逛边买"的消费场景，以个性化的商品推送持续影响消费者的购买决策。

图 6 - 33　灵犀推荐覆盖场景

（三）智投宝

智投宝是直通车智能打爆款的升级版，它不需要选词和选人群，卖家添加商品时可以选择双渠道投放（直通车搜索流量和灵犀推荐流量），只需要进行选品、确定预算和出价，系统将为推广商品在搜索流量下自动匹配最精准的关键词，在推荐流量下自动匹配最精准的人群，关键词和人群双管齐下，获取海量精准流量。该营销工具适用于初阶或精力有限的商家。

与直通车和灵犀推荐相比，智投宝是一种快速、方便、智能获取高性价比曝光流量的方式。同理，获取流量后是否能承接好、使用好、转化好流量，卖家需要持续提高产品链接的转化能力，用好每一个曝光。

特别提示：直通车是一把双刃剑，虽然它能为店铺带来大量的流量和迅速曝光，但是如果没有用好直通车，大量的流量没有转化为订单，直通车就不能取得预期的效果。建议卖家整理好产品，挑选合适的关键词，选择适当的出价策略，并配合平台活动，使直通车发挥最大的作用。

🎯 活动评价

嘉伟的团队经过努力，充分了解了速卖通平台的营销活动，初步掌握了各种营销活动的特点和利弊。接下来，他们打算选择产品进行运营推广，在实践中检验推广效果。

活动二　体验亚马逊平台推广

嘉伟的团队成功推广了淘宝、京东和速卖通店铺，使店铺的销量得到了提升。他们还想尝试亚马逊（Amazon）平台的推广。于是，在学习了亚马逊平台的规则后，他们准备整合公司资源，积极优化商品详情页面，参与平台促销活动，以达到提升店铺销量的目的。

👔 活动实施

一、商品详情页面优化

在亚马逊上，客户通过商品详情页面（Listing）了解商品，从而决定是否购买。优化商品详情页面的目的是实现转化率的提升。

（一）提供高品质的商品图片

商品图片首先要符合亚马逊平台的相关规则：

（1）图片背景必须是纯白色，不能有任何文字叙述或水印。

（2）商品必须占整张图片至少80％的面积。

（3）图片中不能有任何的图画或者插画。

（4）图片像素最好是1 000px×1 000px，可以看清商品的细节。

卖家需提供4～5张高画质的图片，从各个角度全方位地展示商品特点，以增强顾客的体验，如图6-34所示。若能够加入视频，可以让商品从竞争中脱颖而出。

（二）撰写内文的技巧

内文必须包括标题、重点条目和商品叙述。在开始撰写内文之前，先确认该商品项目有无字数限制，因为每项商品类别的字数限制有所不同。接着再以1～2个关键词来提炼商品标题。

图 6-34   商品图片

1. 商品标题

一个好的商品标题能够刺激顾客的购买欲望，实现引流，提高曝光率和转化率。

商品标题应该包含以下关键词：品牌名称、商品型号/系列名称、商品名称、商品特点和亮点、商品材质/颜色/尺寸/规格等。

此外，确定商品标题时还需注意以下事项：

（1）不能过多地用关键词组成标题，以免影响搜索排名。

（2）不要在标题中使用促销、物流等信息。例如：Free Shipping、Hot Sale、DHL、Drop Shipping 等。

（3）商品名称的单词要按照英文的语法习惯来书写。

（4）标题不要全部用大写，只需每个单词的第一个字母大写，但是一般的介词（例如：for、with、and、of）通常是小写。

（5）不要添加平台不支持的特殊符号，以免用户搜索不到。

（6）不要为了引流加入虚假或者夸大的信息，以免引起纠纷。

（7）标题不要提到任何有关"价格"或"优惠"等信息。

图 6-35 是商品标题示范，标题前几个关键词就包含了商品的品牌（AILIHEN）、型号（C8）、名称（Headphones）和卖点关键词（Microphone、Volume Control、Folding、Lightweight）。

2. 重要的内文

内文位于商品图片右侧，采用条目式的叙述方式，言简意赅。内文必须包含主要的产品特色，并且强调它的优势。卖家只有小小的空间来说服用户购买，所以要善于用可以引发购买行为的关键文字，诀窍在于沿用过去销售绩效最好的商品的广告元素。

图 6-36 所示的是 AILIHEN C8 Listing 的内文，5 条内文包含并描述了商品的 5 个卖点。

3. 发挥商品描述的功能

好的商品描述，能够在了解用户消费心理的前提下，让用户认识到这些商品能满足他

SUPER BASS
Compatible with Multiple devices

Roll over image to zoom in

AILIHEN
AILIHEN C8 Headphones with Microphone and Volume Control Folding Lightweight Headset for Cellphones Tablets Smartphones Laptop Computer PC Mp3/4 (Grey/Mint)

★★★★☆ ▾ 2,337 customer reviews | 275 answered questions

Price: $19.98

Buy 1, get a discount on selected products 2 Applicable Promotion(s) ▾

In Stock.
This item does not ship to **China**. Please check other sellers who may ship internationally. Learn more
Sold by AILIHEN and Fulfilled by Amazon. Gift-wrap available.

Color: Grey/Mint

 $19.98 $19.98 $19.98 $19.98 $19.98

- COLLAPSIBLE FEATURE: Take your headphones wherever you go. Just fold them up, twist up the cord, and be on your merry way
- Hands-free Talking And Volume Control: The built-in mic,remote and volume control lets you pick up calls and skip between tracks without missing a beat.
- ADJUSTABLE HINGE: The adjustable headband gives your headphones some impressive flexibility so they can adapt to the shape of your head for a perfect fit.
- NOISE ISOLATION: full-sized, on-ear construction isolates from outside noise so you can hear the deep bass, and crisp mids and highs of your upcoming track.
- WIDELY COMPATIBLE: With a flexible and durable 47 inches braided cord and sturdy 3.5 mm stereo plug. Will not kink, twist or break under normal use. Use all your favorite devices

图 6 - 35　商品标题示范

- COLLAPSIBLE FEATURE: Take your headphones wherever you go. Just fold them up, twist up the cord, and be on your merry way
- Hands-free Talking And Volume Control: The built-in mic,remote and volume control lets you pick up calls and skip between tracks without missing a beat.
- ADJUSTABLE HINGE: The adjustable headband gives your headphones some impressive flexibility so they can adapt to the shape of your head for a perfect fit.
- NOISE ISOLATION: full-sized, on-ear construction isolates from outside noise so you can hear the deep bass, and crisp mids and highs of your upcoming track.
- WIDELY COMPATIBLE: With a flexible and durable 47 inches braided cord and sturdy 3.5 mm stereo plug. Will not kink, twist or break under normal use. Use with all your favorite devices like Cellphones, Laptop,Computer,MP3, MP4 and other audio devices. AILIHEN products come with 1 year warranty and 100% money back guarantee.

图 6 - 36　产品内文

们的需求。撰写商品描述有以下要求：

（1）抓住消费者心理，充分展示商品特点。

（2）文笔流畅，用词准确、专业。

（3）商品介绍条理性强，包含丰富的有用信息，可读性强。

（4）增加图片展示，对商品进行多角度、高清晰的展示。

图 6 - 37 所示的是 AILIHEN C8 Listing 的商品描述的一部分，用图片搭配文字的方

式向用户展示产品的细节。

  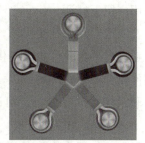

Durable and Foldable!
Easy folding for perfect travel and storage

On Ear Design
Soft plush headband and ear pads for comfortable
listening experience

40mm Drivers
Deliver powerful audio

Sound Isolation
Blocks ambient noise to promote immersive
listening

5 Colors Options
Colorful 5 color options for your choice

Board Compatible
Compatible with smartphones, laptops, PCs, CD
players,Tablets and other 3.5mm jack devices.

Frequency response:20-2000Hz.
Speaker dimensions:40mm.
Speaker impedance:32ohm .
Sensibility:103+/-3dB.

Driver Diameter:40mm
Cable length:1.5m (4.9Ft)
Microphone:yes
Jack :3.5mm

图 6－37　商品描述

4. 充分利用用户评论

亚马逊是以客户为中心的销售平台，拥有好评越多的卖家，其商品越是能够销售得出去。用户评论如图 6－38 所示。

Customer reviews

★★★☆☆ 710
3.6 out of 5 stars ▾

5 star		39%
4 star		18%
3 star		15%
2 star		12%
1 star		16%

Share your thoughts with other customers

Write a customer review

See all 710 customer reviews ›

Top customer reviews

 William young

★★★★★ **This camera SAVED my dog's life**
November 30, 2017
Verified Purchase

We ordered this camera on thanksgiving just because it was on sale. It was delivered by Saturday and I installed it immediately. Sunday my family and I went out of town and I was excited to be able to watch our dog through the cloud cam app. On the way home Sunday evening, I received a notification that motion was detected. I open the app and see that my house had caught on fire and my dog was stuck inside. After calling 911 and a neighbor to break in to rescue our dog, I reopened the app to see the entire room filled with smoke and the fire blazing in the kitchen. Luckily this app saves videos for a week so I was able to share them with our fire department. I was also able to download the videos as well as zoom in to see what caused the fire (my dog hit the stove burner on). The camera is now melted and ruined, but I am forever grateful. I will order another one when we can live in our home again. Thank you Amazon for the sale and thank the universe nothing worse happened!

Comment　|　820 people found this helpful. Was this review helpful to you?　Yes　No　Report abuse

图 6－38　用户评论

相关统计显示，只有 10％～20％ 的亚马逊用户在购买完商品后会反馈。以下几个诀窍能够提高获得好评的概率：

（1）如果卖家也通过其他渠道销售的话，主动与现有且对卖家服务满意度高的用户接触，请求用户留下好评。

（2）卖家可以利用社交媒体，通过活动请用户留下好评。

（3）亚马逊平台允许卖家提供免费的商品以获得公正的评价，但亚马逊平台不允许提供任何促使用户留下好评的诱因，所以要特别留意如何叙述。

（4）联系 Top Reviewer。可以通过 http：//www. amazon. com/review/top-reviewers 找到 Top Reviewer 的联系方式。

通过了解一般用户抱怨的原因来减少差评，太多的差评可能会导致卖家的账号被终止，所以一定要小心地处理用户差评并将用户摆在优先的位置。

二、平台促销

（一）秒杀

1. 秒杀活动概况

秒杀是一种限时促销优惠，参与秒杀的商品会在亚马逊促销页面上显示几个小时（通常为 4～12 个小时，具体时间由亚马逊决定），卖家参与秒杀活动需支付一定的费用。推荐商品参与秒杀不仅有助于提升销量，还能减少库存。

2. 秒杀活动要求

（1）卖家要求：参与"秒杀"的卖家必须是专业卖家；卖家每月至少有 5 个卖家反馈评级；卖家整体评级至少为 3.5 星。

（2）商品要求：在亚马逊品牌旗舰店拥有销售历史记录且评分至少为 3 星；包含尽可能多的变体（如款式、尺寸、颜色等）；不是受限商品或具有冒犯性、令人尴尬或不适宜的商品；符合亚马逊 Prime 要求；商品状况为"新品"；符合用户商品评价政策。

（3）促销频率：7 天内不针对同一亚马逊编码（Amazon standard identification number，简写为 ASIN，是亚马逊自主编的产品唯一编号，相当于一个独特的产品 ID，由数字和字母组成）重复推出促销，28 天内针对同一亚马逊编码重复推出 7 天促销。

特别注意：如果卖家的商品已获得促销批准，后来违反了上述标准，亚马逊平台会立即取消其促销，并且卖家不能要求退还促销费用。

3. 秒杀活动报名步骤

（1）打开卖家后台，点击"广告"，然后选择"秒杀"，如图 6 - 39 所示。

（2）在"促销活动管理"中，点击"创建新促销"选项卡，并依次完成"选择商品""安排促销""配置促销""查看并提交"操作，如图 6 - 40 所示。

选择商品：使用亚马逊编码搜索商品，选择商品。

安排促销：秒杀活动可以持续进行 4～12 小时，输入促销价格、每件商品的折扣以及最低促销数量。

配置促销：设置促销名称、促销商品数量、添加促销图片。

查看并提交：在提交促销前，请务必先查看费用。

图 6-39　点击"广告"—"秒杀"

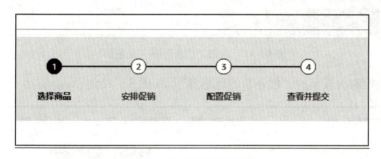

图 6-40　促销活动管理

4. 秒杀费用相关

收费范围：秒杀费用或 7 天促销费用因促销推出的日期和流量而异；如果卖家对最终费用不满意，可以取消秒杀。

何时收费：秒杀活动完成后收费，在卖家后台点击"卖家平台"—"数据报告"—"付款"—"交易一览"—"服务费"可查看账单。

需要注意的是，在计划开始时间前取消了秒杀则不会收取费用，但在秒杀期间取消，则需要支付全部费用。

（二）优惠券

1. 优惠券资格

（1）基本资格。

①参与"优惠券"的卖家必须是专业卖家且卖家反馈评级至少为 3.5 或无反馈评级。

②无评论的商品；有评论商品需满足以下条件：有 1～4 条评论且平均星级至少为 2.5星，或有 5 条以上评论且平均星级至少为 3 星。

③配送方式为亚马逊配送或卖家自配送。

④商品状况必须为"新品"。

（2）无资格商品。

无资格商品包括二手商品、收藏品或经认证的翻新商品；成人用品；性健康用品；狩猎和垂钓用品；图书、音乐、影视。

2. 创建优惠券

（1）打开卖家后台，点击"广告"，然后选择"优惠券"，如图 6-41 所示。

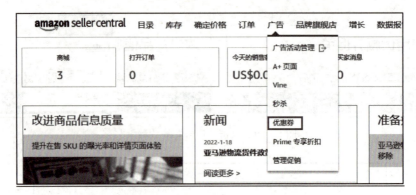

图 6-41　点击"广告"—"优惠券"

（2）点击控制面板上的"创建新的优惠券"，如图 6-42 所示。

图 6-42　创建新的优惠券

（3）使用亚马逊编码搜索商品，然后选择完要添加的商品后，点击"继续"，如图 6-43 所示。

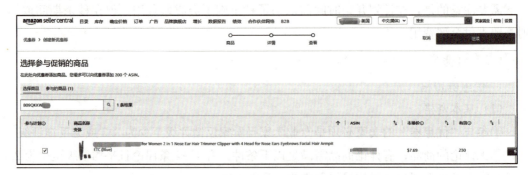

图 6-43　添加商品

（4）设置优惠券相关信息，如图 6-44 所示，包括：设置开始日期和结束日期；设置折扣，可选择按折扣和按金额两种方式，折扣范围为 5%～80%；设置折扣；选择是否勾选"限制每位买家只能兑换一次"。

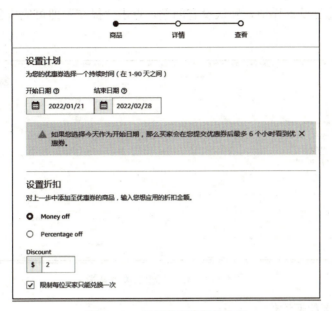

图 6 - 44　设置优惠券相关信息

（5）为优惠券设置预算，设置优惠券名称，定位可以选择将优惠券投放给特定用户群体，这里我们选择"所有买家"，最后点击"继续"跳转至下一页面，如图 6 - 45 所示。

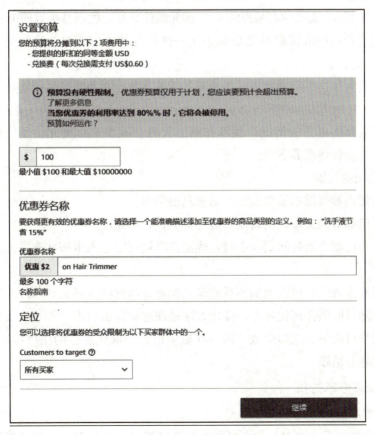

图 6 - 45　更多信息

（6）预览优惠券设置详情，确认没有问题，点击"提交"即可完成创建，如图 6 - 46 所示。

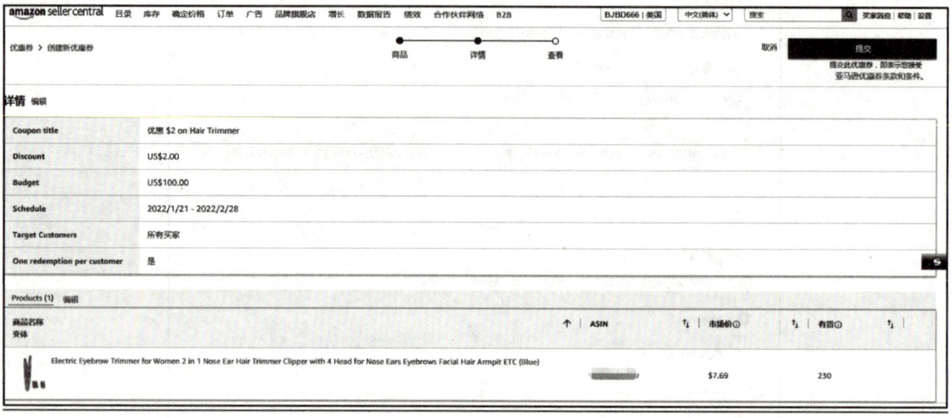

图 6 - 46 预览优惠券设置详情

3. 优惠券预算如何运作

优惠券预算将分摊到以下几项费用之中：

（1）提供给用户的折扣的同等金额（单位：美元）。

（2）亚马逊收取的兑换费（每次兑换收取 0.60 美元）。

示例：售价 25.00 美元的商品提供 4.00 美元的优惠券，优惠券生效的第一天，有 50 名用户兑换了优惠券，领取优惠券之后购买了一件符合要求的商品，这些交易的成本计算如下：

$$交易成本＝提供的折扣的同等金额×兑换次数＋兑换费×兑换次数$$
$$＝\$4.00×50＋\$0.60×50＝\$200＋\$30＝\$230（美元）$$

根据用户兑换优惠券的情况，预算在第二天将会减少 230 美元，当预算使用率达到 80% 时，亚马逊会将优惠券下线。

4. 优惠券相关规则

（1）一张优惠券可添加最多 200 个父亚马逊编码。

（2）对于已赢得购买按钮的商品，优惠券会提升曝光度。

（3）大约在优惠开始时间前 6 小时，优惠券将被锁定进入审核状态并无法再进行任何更改。

（4）优惠券生效后，可以增加预算或延长优惠持续时间（最长 90 天）。

（5）可以随时取消任何优惠券，操作方法是在控制面板点击"停止"按钮。需要注意的是，取消操作可能不会立即生效，因为在取消前已领取优惠券的用户可以在约 30 分钟内使用这些优惠券结账。

（三）Prime 专享折扣

1. Prime 专享折扣概况

Prime 专享折扣是面向 Prime 会员的商品价格折扣。带有 Prime 专享折扣标志的商品将显示折扣价格，其正常价格会被划掉。用户也会在搜索结果和商品详情页面上看到节省费用一览。根据折扣调整过的价格会显示在面向 Prime 会员的详情页面购买按钮上。

2. Prime 专享折扣的资格

（1）对于提供折扣的任何商品，在该国家/地区的所有区域都必须符合 Prime 配送条件。

（2）提供折扣的所有商品都必须处于全新的状态。

（3）提供折扣的所有商品都必须至少为 3 星评级或没有评级。

（4）折扣必须至少比非会员非促销价格优惠 10%，即卖家的商品价格或销售价格，以较低者为准。

（5）不包括受限商品，或具有攻击性、令人尴尬或不适宜的商品。

（6）卖家提供折扣的所有商品都必须符合用户商品评论政策。

（7）卖家提供折扣的所有商品都必须符合定价政策。

3. 创建 Prime 专享折扣

（1）点击"Prime 专享折扣"页面上的"创建折扣"，如图 6 - 47 所示。

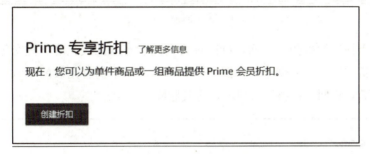

图 6 - 47　创建折扣

（2）输入折扣名称，然后选择折扣的开始和结束日期。如果卖家提供的是 Prime Day 折扣，日期字段将不可用，并且卖家安排的 Prime Day 折扣将在 Prime Day 开始时开始，然后点击"保存并添加商品"，如图 6 - 48 所示。

图 6 - 48　输入折扣详情

（3）手工输入 SKU、折扣类型、Prime 折扣、最低价格，然后点击"验证商品"，如图 6 - 49 所示。此步骤将检查 SKU 是否有资格参加 Prime 专享折扣。

图 6 - 49　添加商品详情

（4）在"审核您的折扣"页面，可以查看商品状态（无效、准备提交等），确认无误可点击"提交折扣"以完成创建，如图 6 - 50 所示。如果仍有无效的 SKU 在审核中，也可在提交折扣后，返回"审核"选项卡，将其删除。

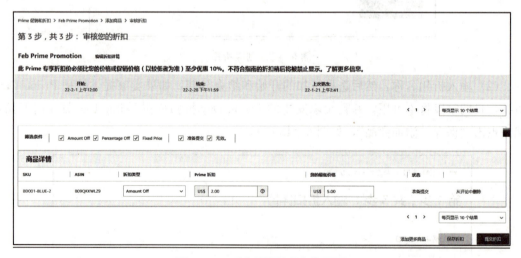

图 6 - 50　"审核您的折扣"页面

（四）管理促销

1. 管理促销概况

促销方式有两种类型：购买折扣和买一赠一。购买折扣即购买商品可给予一定的折扣；买一赠一即购买商品赠送赠品。

2. 创建促销

下面以"购买折扣"为例进行说明。

（1）打开卖家后台，点击"广告"—"管理促销"，选择促销类型（购买折扣）后，点击"创建"，如图 6-51 所示。

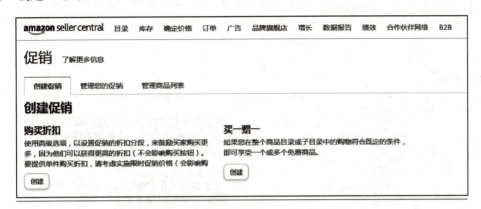

图 6-51 点击"广告"—"管理促销"

（2）选择促销条件，如图 6-52 所示。主要操作如下：

在"买家所购商品"列表中选择符合促销条件，并设置相应最低购买数量。

在"续购买商品"下拉列表中选择促销适用的商品种类。

在"买家获得"下拉列表中选择适合的条件，如减免折扣 10%（折扣必须为 1%～50%）。

"促销层级"根据需要设置不同的促销层级，可以创建"叠加式"促销，订单的购买量越多，优惠越多。卖家最多可以创建 9 个层级。

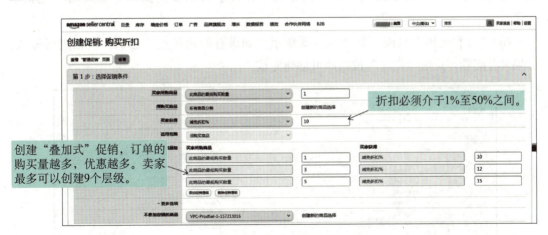

图 6-52 选择促销条件

（3）设置促销时间，如图 6-53 所示，包括设置"开始日期""结束日期""内部描述""追踪编码"。

（4）设置更多选项，如图 6-54 所示，主要设置优惠码、结算和详情页显示文本，以及优先级，设置完毕点击"查看"。

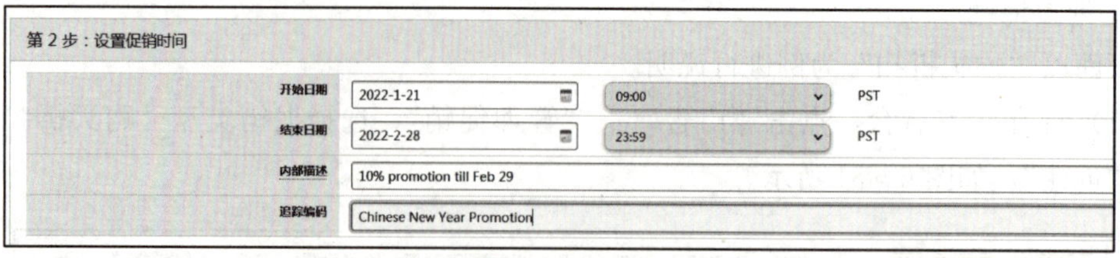

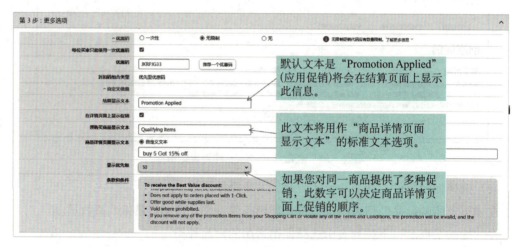

图 6-53　设置促销时间

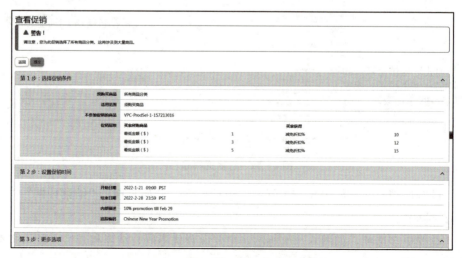

图 6-54　设置更多选项

这里需要注意："结算显示文本"默认的文本是"Promotion Applied"（应用促销）；"须购买商品显示文本"将用作"商品详情页面显示文本"的标准文本选项；"显示优先级"是当卖家对同一商品提供了多种促销时，此数字可以决定商品详情页面上促销的顺序。

（5）"查看促销"页面，如图 6-55 所示。如果有问题可点"返回"按钮进行修改，如果没有问题，点击"提交"按钮即可创建完成。

图 6-55　"查看促销"页面

（五）LD、BD 与 DOTD

1. LD（Lightning Deal）

Lightning Deal 是"闪电交易"的意思，是一个具有时效性的特惠秒杀活动，一般持续时间为 4～6 小时（Seller 和 Vendor 有所不同，按亚马逊编码收费，比如：普通闪电交易，在美国一个亚马逊编码收取 150 美元，在加拿大 6 小时收取 10 加元，在德国 6 小时收取 35 欧元。

卖家有两个渠道可以申请 Lightning Deal：

第一，后台自动出现的 Lightning Deals 推荐或通过后台 Advertising 下的 Lightning Deals 进行申请（就是推荐秒杀）。

第二，通过招商经理渠道进行申请。对于一些没有推荐的新品，卖家可以通过招商经理的渠道填写表格申请。

根据亚马逊的规定，烟、酒、药品、婴儿配方奶粉是不能参加 Lightning Deal 秒杀活动的。

报名频率：每月一次（系统推荐的可以每天定时去看一下，有推荐的话至少有一个甚至多个周的安排）

2. BD（Best Deal）

Best Deal 是有时间限制的促销活动，免费，持续时间一般是 14 天，主要涵盖美国站和日本站。此活动只能通过招商经理渠道申请，亚马逊会对卖家的产品以及整个店铺的表现进行审核。报名频率是每月最多两次。

3. DOTD（Deal Of The Day）

Deal Of The Day 俗称"秒杀之王""镇店之宝"，可免费申请，活动时间为一天（持续 24 小时）。这个活动是亚马逊站内秒杀的"王中王"，也是最难申请的，每天只有三个广告位，极为稀有。在移动端打开 Amazon APP 的时候，第一个显示的就是 Deal Of The Day。一般在北美站和日本站开放这个活动。

速卖通平台推广方式介绍

🎯 活动评价

嘉伟的团队仔细研究亚马逊平台的各种优化手段后，通过优化 Listing，并着重对商品图片、内文和商品描述等进行了优化，网店的浏览量明显提升，进一步提高了商品的销量。

合作实训

　　分组实训，每3～4人组成推广团队，选择一组产品和一种营销活动进行产品推广。将营销活动前后的销售情况进行对比分析，总结营销活动的作用，每组将实训结果制成PPT向全班同学展示。

法治护航

　　上海某电子商务有限公司开设的京东店铺里销售的产品"健腹仪"为一般产品，该产品页面描述中有"腹直肌分离修复"字样。腹直肌分离是一种症状，腹直肌分离修复属于医疗用语。该店铺销售的产品"低频脉冲治疗仪"是二类医疗器械，其产品功能为"适用于产后及进入更年期的妇女，锻炼盆底肌肉，改善肌肉运动和自制能力，缓解小便失禁症状"，该产品的页面描述未经医疗器械广告审批。

　　该店铺销售的一般产品"健腹仪"描述"腹直肌分离修复"，违反了《中华人民共和国广告法》第17条"除医疗、药品、医疗器械广告外，禁止其他任何广告涉及疾病治疗功能，并不得使用医疗用语或者易使推销的商品与药品、医疗器械相混淆的用语"的规定。

　　该店铺销售的医疗器械产品"健腹仪"描述"腹直肌分离修复"违反了《中华人民共和国广告法》第46条"发布医疗、药品、医疗器械、农药、兽药和保健食品广告，以及法律、行政法规规定应当进行审查的其他广告，应当在发布前由有关部门（以下称广告审查机关）对广告内容进行审查；未经审查，不得发布"的规定。

　　依据《中华人民共和国广告法》第58条"有下列行为之一的，由市场监督管理部门责令停止发布广告，责令广告主在相应范围内消除影响，处广告费用一倍以上三倍以下的罚款，广告费用无法计算或者明显偏低的，处十万元以上二十万元以下的罚款；情节严重的，处广告费用三倍以上五倍以下的罚款，广告费用无法计算或者明显偏低的，处二十万元以上一百万元以下的罚款，可以吊销营业执照，并由广告审查机关撤销广告审查批准文件、一年内不受理其广告审查申请：……（二）违反本法第十七条规定，在广告中涉及疾病治疗功能，以及使用医疗用语或者易使推销的商品与药品、医疗器械相混淆的用语的；……（十四）违反本法第四十六条规定，未经审查发布广告的。……"的规定，对该电子商务有限公司处以罚款1 000元。

　　党的二十大报告指出，我们要加快建设法治社会。弘扬社会主义法治精神，传承中华优秀传统文化，引导全体人民做社会主义法治的忠实崇尚者、自觉遵守者、坚决捍卫者。企业在开展网络推广营销时，更应该遵法守法，不要试图打擦边球。

项目总结

　　本项目任务一主要介绍了淘宝平台和京东平台推广知识，主要包括以下内容：

（1）淘宝平台常见的推广类型。

（2）各种推广工具的特点。

（3）京准通概况。

（4）京准通产品介绍。

（5）京准通广告位展示位置。

本项目任务二主要介绍了速卖通和亚马逊平台推广的知识，主要包括以下内容：

（1）速卖通营销活动的特点和作用。

（2）速卖通平台活动的申请步骤。

（3）亚马逊平台商品详情页面优化。

（4）亚马逊平台促销。

项目检测

一、单选题

1. 淘宝直通车的排名是根据（　　）得出的。

A. 点击量 　　　　　　　　　　　B. 出价分

C. 质量分 　　　　　　　　　　　D. 出价分＋质量分

2. 下列关于淘宝客的说法，正确的是（　　）。

A. 淘宝客是一种按点击计费的推广模式

B. 淘宝客是帮助卖家推广商品并获取佣金的人

C. 淘宝客不支持按单个商品和店铺进行推广

D. 卖家只能通过阿里妈妈首页加入淘宝客

3. 下列关于速卖通联盟营销优势的说法，错误的是（　　）。

A. 免费曝光，成交收费 　　　　　B. 免费曝光，点击收费

C. 费用可控，效果可见 　　　　　D. 海量用户，精准覆盖

4. 下列选项中，不属于京准通平台产品的是（　　）。

A. 京东展位 　　　B. 京东快车 　　　C. 引力魔方 　　　D. 京东直投

5. 下列关于亚马逊平台"秒杀"活动，说法正确的是（　　）。

A. 参与"秒杀"的卖家必须是专业卖家

B. 卖家参与"秒杀"活动不需要支付任何费用

C. "秒杀"活动可以持续进行 7 天

D. 任何商品都可以参与"秒杀"活动

二、多选题

1. 下列选项中，属于淘宝平台推广类型的是（　　）。

A. 直通车 　　　　　B. 淘宝客 　　　　　C. 京准通 　　　　　D. 聚划算

2. 京准通平台的优势包括（　　）。

A. 京东集团品牌优势　　　　　　　B. 精准锁定目标受众

C. 最优质的流量资源　　　　　　　D. 操作简便，同步优化

3. 下列关于速卖通店铺单品折扣活动的说法，正确的是（　　）。

A. 单品折扣活动可以即时生效，也可以设定特定时间生效

B. 先提价再打折不会影响该产品搜索排名

C. 支持单个商品设置粉丝或新人专享价

D. 活动进行中不允许操作新增和退出商品

4. 下列选项中，属于亚马逊平台促销方式的是（　　）。

A. 秒杀　　　　　　B. 优惠券　　　　　　C. 管理促销　　　　　　D. Prime 专享折扣

5. 下列关于商品详情页面优化的说法，正确的是（　　）。

A. 商品描述要抓住消费者心理，充分展示商品特点

B. 优化商品详情页面的目的是实现转化率的提升

C. 至少需要提供 4～5 张高画质的商品图片

D. 商品图片背景必须是纯白色，可以有文字描述

三、判断题

1. 淘宝直通车是一种按点击付费的营销工具。（　　）

2. 京挑客是一种按照实际成交额计费的站内广告投放工具。（　　）

3. 速卖通直通车是以成交付费的方式，推新款，打爆款，提排名，提升店铺销量。（　　）

4. 联盟推广时，不需要先充值，也不需要前期投入资金。（　　）

5. 亚马逊平台的内文必须包括标题、重点条列和商品叙述。（　　）

四、操作题

淘宝客是帮助卖家推广商品并获取佣金的人，请你结合所学知识，以淘宝客的身份，选择一种商品进行推广。

参考文献

［1］何毓颖，李圆圆．网络推广实务：微课版［M］．北京：人民邮电出版社，2022．

［2］田玲．网络营销策划与推广：慕课版［M］．北京：人民邮电出版社，2021．

［3］阮伟卿．网络营销实务［M］．北京：北京理工大学出版社，2021．

［4］丁文云，金丽静．网络推广实务［M］．北京：电子工业出版社，2021．

［5］褟圆华．网络营销［M］．北京：中国财富出版社，2020．

［6］张达东，李冰梅．网络营销实务［M］．北京：中国财富出版社，2019．